「教科書に載ってない『あの男(ひと)』へ」

編者：今川美玖

土方歳三という男に出会ってから、どのくらいの年月がたつのだろう。

そしてこの男にどれだけ尽くしてきただろうか？　小説、コミック、研究書と、新刊が出れば追いかけ、年に4回は京都へ出向き、命日には花を捧げ……。なのに、この男ときたらば、「そんなことは当たり前」という顔をして、セピア色の写真に収まっているだけだ。これが生身の人間だったらもっと言ってやりたいこともあるんだが、幸か不幸か140年も前の男なので、何を言っても苦笑いの繰り言(くりごと)になるばかりだ。

織田信長という男にも入れあげたことがあったが、この人の小説、コミックは少ない。家康、秀吉、坂本龍馬だって、新選組や土方に比べるべくもない。

なぜ土方歳三は、こんなに小説やコミックの題材になってきたのだろう。日本史の教科書にすらほとんど載っていない人なのに。

残っている写真がいい男だから。あの生き方が鮮烈だから。下手な俳句なんか作ってしまうから。瓦解(がかい)していく組織を必死に支えたから。最後の最後までサムライだったから。――理由は様々あろうが、とにかく「魅(ひ)かれるから」だと、山のような小説、コミックを見て思う。

そうした、古今の作家があらゆる角度から描いた土方歳三を、すでに新選組や土方

ダ・ヴィンチ特別編集……4
DA VINCI EXTRA EDITION

土方歳三
THE COMPLETE

副長「トシさん」かく描かれき

今川美玖&別冊ダ・ヴィンチ編集部・編

「土方歳三 副長『トシさん』かく描かれき」ご購読感謝シール

HIJIKATA
TOSHIZO

新選組

試衛館

土方歳三

新選組副長 土方歳三

陸軍奉行並 土方歳三

陸軍奉行並
土方歳三
副長
土方歳三
誠
誠

イラスト：フクモトヒロ之

土方歳三 THE COMPLETE

ダ・ヴィンチ特別編集……4
DA VINCI EXTRA EDITION

副長「トシさん」かく描かれき

今川美玖&別冊ダ・ヴィンチ編集部・編

歳三が大好きな人、これからファンになるだろう人に紹介したのが本書である。

この本ではレビューだけで小説とコミック１０２本を紹介している。かなり昔の作品もあり、入手困難なものもあるが、おもしろくない作品は紹介していないので、騙されたと思っていちど読んでみてほしい。小説、コミックのどちらか一方、というのではなく、両方読んでもらいたい。コミックでは直観的に心に刻みつけられる名場面での彼の雄姿を、小説では行間から立ち上がる自分だけのシーンを、それぞれ楽しめるはずだから。

また本書では、土方歳三ものを今まさに生みつつある方の横顔や、『新選組始末記』『燃えよ剣』など、新選組ものの代表的作品の背景もマジメに追っている。一方、コラムでは俯瞰的な（ちゅーかミーハーな）「土方もの」全体の楽しみ方を紹介してみた。どうかお楽しみください。


今回、この本を作るにあたってたくさんの方々のご協力をいただきました。

本や表紙写真を快くお貸しくださった各出版社様にお礼申し上げます。

メディアファクトリーの安倍晶子さん、あなたがいなければこんなマニアックな本は出ませんでした。楽しいお仕事ありがとう！

何より、すべての新選組ファンの方、この本を手に取ってくれたあなた、どうもありがとうです。

そして……土方歳三さん、あなたに出会えてやっぱりよかったです（いや、人生踏み外しちゃったけどね）。

表紙写真提供：土方歳三資料館　表紙・本文デザイン：平井裕一郎（Hi-Graphics）

略年表　土方歳三が駆け抜けた幕末35年

	／月	
天保6（1835）1歳		武州多摩郡石田村で「お大尽」ともいわれた富農の末子として誕生
嘉永4（1851）17歳		2度目の商家への奉公に失敗し、佐藤彦五郎の道場で近藤勇と出会う
嘉永6（1853）19歳	6	黒船が浦賀へ来航
安政6（1859）25歳	10	吉田松陰、安政の大獄で刑死
万延元（1860）26歳	3	桜田門外の変。大老・井伊直弼が水戸浪士らに暗殺される
文久元（1861）27歳	8	近藤勇が天然理心流4代目を襲名する。歳三、その披露の野試合に出場
文久3（1863）29歳	2	歳三、幕府の募集に応じて浪士組に加わり、近藤勇ら試衛館の仲間と上洛
	3	会津藩お預かり「壬生浪士組」が結成される。歳三は副長に
	8	長州藩を京都から排除する8月18日の政変に壬生浪士組も出動、この功により後日、「新選組」の隊名を与えられる
	9	近藤勇ら、会津藩の命により、筆頭局長・芹沢鴨らを暗殺
元治元（1864）30歳	6	池田屋事件。新選組、多くの長州系不逞（ふてい）浪士を斬殺、逮捕
	7	禁門の変。池田屋事件に憤慨し京に迫った長州藩を、新選組を含む幕府軍が撃退
元治2（1865）31歳	2	山南敬助、脱走のうえ連れ戻されて切腹
	3	新選組、壬生村から西本願寺に屯所を移転
慶応2（1866）32歳	1	坂本龍馬の斡旋で薩長同盟が成立
	8	第2次長州征伐での幕府の敗北が決定的となる
	9	三条制札事件。新選組が、長州藩批判の制札を引き抜いた土佐藩士を斬殺、逮捕

年	月	事項
慶応3(1867)33歳	3	伊東甲子太郎ら新選組を離隊、「御陵衛士」を名乗る
	6	新選組の幕臣取立が決定する。この直後、西本願寺から不動堂村に屯所を移転
	10	15代将軍・徳川慶喜、朝廷に大政奉還を上表し、徳川幕府は消滅
	11	坂本龍馬、暗殺される
		油小路事件。新選組、伊東甲子太郎を暗殺し、御陵衛士を壊滅させる
	12	天満屋事件。新選組、海援隊士らを迎撃
		王政復古の大号令を受けて新選組は京都から引き揚げ、伏見奉行所に入る
		近藤勇、狙撃され被弾。代わって歳三が新選組を率いることになる
慶応4(1868)34歳	1	新選組、鳥羽伏見の戦で井上源三郎らを失い、江戸に帰還
	3	新選組、甲陽鎮撫隊として甲府に出陣、勝沼戦争に敗れる
	4	新選組、流山で屯集中に新政府軍に包囲され、近藤勇が投降
		江戸城が無血開城する
		歳三、宇都宮城攻防戦で足指に被弾
		近藤勇、板橋宿で斬首される
	5	上野戦争で原田左之助が戦死。沖田総司、千駄ヶ谷で病死
	8	会津若松城下に新政府軍が侵入。歳三と新選組は仙台へ
明治元(1868)	12	旧幕府軍が蝦夷地を平定して箱館政府を樹立。歳三は陸軍奉行並に就任
明治2(1869)35歳	5	歳三、一本木関門で敵弾を受け戦死

年表作成:横田 淳

インタビュー　**北方謙三**

「土方像」も、そろそろ**変えるべき**だよね

取材・文・脚注：今川美玖、写真：川口宗道

男とは何か、男の本当の生き様とは？　ハードで、時に哀しい男の姿を描いて定評のある作家・北方謙三氏は最近、歴史小説に自らの世界を広げている。『三国志』『水滸伝』、赤報隊そして新選組副長・土方歳三。平成14年、土方を主人公とした小説『黒龍の柩』を上梓した北方氏に「土方歳三という男と新選組への思い」を伺った。

土方歳三に「国家観」を持たせたかった

——今までにない土方像ですね。

「わざわざ新選組を書くのに、前からある土方を書いてちゃ意味がないでしょ。まず考えたのは現実に史料があって、きちんと分かっているところがあるわけだから、そこはまず変えない。そのうえで史料に土方が出てこないところを基本的に書いたんだよ。新選組の史料に『**新選組日誌**』っていうのがあって、これを見て土方が記録者の前にいなかった時期を狙って書くわけ。そのうえで、この小説では国家観のある新選組を描きたかった」

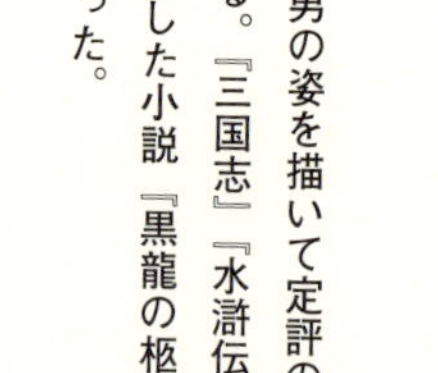

北方謙三

1947年、佐賀県生まれ。81年『弔鐘はるかなり』（集英社文庫）でデビュー。83年『眠りなき夜』（集英社文庫）で日本冒険小説協会賞、吉川英治文学新人賞を受賞。歴史小説では土方歳三の後半生を描いた『黒龍の柩（上・下）』（毎日新聞社）の他に『三国志』（ハルキ文庫）『水滸伝』（集英社）『武王の門』（新潮文庫）などがある。

◁新選組基礎知識◁

『新選組日誌』

平成7年、新人物往来社刊。菊地明・伊東成郎・山村竜也編著。新選組のあらゆる史料を集め、日付順に並べた労作。

近藤

近藤勇。天保5年～慶応4年。多摩の農民出身だったが、天然理心

——国家観ですか。

「いろいろな小説で、土方、**近藤**などの**試衛館**メンバーには国家観なんてない、と認識されているんだ。現実にどうかは分からないけど、今回は国家観がある人間として書いていこうと思ったから、その先駆的な存在として**山南敬助**という人物を配したんだ」

——脱走してしまった総長・山南ですね。

「脱走して、大津まで逃げて**沖田総司**ひとりが追っかけてきたっていうけど、本人は処断されるって自覚があったのかどうか分からないよね。幹部でもあるし。だいたいがなんで脱走したのかがはっきり分かってないでしょ。だから俺は胃ガンにかかってるってことにしたけど（笑）。たとえば、清河八郎が**浪士組**を結成したのも、あとから新選組に入隊した伊東甲子太郎が**御陵衛士**となって高台寺党を作ったのも、天皇史観という国家観が関わってると思うんだ。では浪士組から離れて京都に残ったやつらにはそれがなかったかというと、そうではないだろうと。でもはっきりと国家観なんて自覚していない。だからそれをじっと見ていた人間が山南であったという設定にしたんだけどね」

——上洛前、若い頃の土方はそうした思想を持っていたのでしょうか。

「若い頃の土方が国家観を持っていたかどうかは分からない。でも彼は、**ただ剣道を**やっていただけじゃないと思うんだ。**奉公**をしたり**薬売り**をしていたから多少商売人みたいなとこがあったでしょ。商売人っていうのは時代の流れに敏感だから、ただ剣道だけやっていた人間とはちょっと違うところがあったと思う」

——奉公とか百姓がいやで、いずれは剣で身を立ててやると誓う土方像は、よく小説やコミックなどで読みますけど。

流・近藤周助の養子になり、試衛館の道場主となる。のち新選組局長。

試衛館

江戸・市ヶ谷にあった天然理心流の道場。近藤勇は4代目の道場主。門人は土方歳三、沖田総司など。

山南敬助

天保4年〜慶応元年。試衛館時代からのメンバーで新選組総長を務める。新選組を脱走し、隊規違反とされ切腹。

沖田総司

天保13年〜慶応4年。試衛館の内弟子で新選組一番組組長。労咳により病死。

浪士組

14代将軍・家茂上洛の警護に、江戸の浪士を京都に派遣し、治安維持に当たらせようと組織された。庄内浪士・清河八郎が幕府に進言して組織されたが、清河は京都到着後、幕府を裏切り、浪士組を尊王攘夷のために利用しようとした。

「剣で身を立てるといっても、新選組自体がどこまで剣で有名になったかというと、これは**池田屋事件**くらいなんだよね。あとはそんなに人をいっぱい殺してるわけじゃないし。内輪もめで殺してるほうが多いくらいでしょ。現実としてそうなんだから、剣で身を立てるという言葉に、あの時代どれだけのリアリティがあったかはちょっと疑問に感じる。池田屋で斬り込んで勝って、ある程度剣が強くて周りからは多少、怖がられたり認められたりしたけど、じゃあそれだけでいいのか、それだけのものか?と。俺も書き手であるからには違う観点から考えたくてね。そうすると、彼らにもある程度の国家観は必要になってくるなあと思ったわけ。天皇史観と将軍史観だね。天皇とは何なのか、徳川家とは何なのかということを考えさせていかないと」

新選組は江戸へ帰る船の上で終わったと思うんだよね

――剣といえば、土方は**鳥羽伏見の戦**で負けた時、「もう槍や刀の時代じゃない」と言っていますが、それは土方の切り換えの早さだったのでしょうか。

「槍や刀じゃない、とすぐに考えを切り換えたといわれているけど、もともとあの時代は槍や刀の時代じゃなかったと思う。ただ新選組の仕事である京都市中の取り締まりをするためには、槍や刀じゃなきゃだめだったんだ。あの当時の軍事意識からすると、戦国時代からもう戦は鉄砲なんだから、本気で槍や刀を主力に据えていたとは考えられないんだよ。ただ、京都で取り締まりをするためには槍や刀が必要だった。鉄砲で取り締まっていたら、関係ない市民を巻き添えにする確率が大きい。自分の手で目的の人間だけを殺すという時に鉄砲はまずいでしょ。あの槍や刀っていうのはあくまで新選組の京

御陵衛士
慶応3年に新選組を離隊した伊東甲子太郎が結成した尊攘派集団。伊東は江戸で北辰一刀流の道場を開いていたが、元治元(1864)年、新選組に入隊していた。

ただ剣道を
土方は天然理心流に入門、目録の位をもらっている。また、行商の途中でも剣術道場があると試合を申し込み、修行していたので、型にはまらない自己流の剣術だった。

奉公
11歳で江戸上野の呉服商・松坂屋に、17歳で江戸大伝馬町の呉服商に勤めたが、どちらも長く続かなかった。

薬売り
土方の実家では農業のかたわら石田散薬という薬の製造販売をしており、土方は奉公をやめてからその薬の行商をしていた。

都の市中での話。アメリカの警官はハローポイントって弾を撃ってるけど、あれは貫通しないんだよ。撃たれた人間の体の中で破裂する。残酷だけど周りに被害が及ばないようにするためなんだ、それと同じこと。だから鳥羽伏見で鉄砲の威力を知ってしまったというのは嘘だと思う」

――よく、多摩の**百姓あがり**だからこそ刀にこだわった、といわれていますが。

「浪士隊に参加して京都の実情を知る前の、井の中の蛙だった時は槍や刀でもいけると思っただろうが、実際、京都に来てみたら、あ、これではいけないなと感じたんだろうね。鳥羽伏見前に近藤だって**鉄砲で撃たれて**、それで最後まで実戦に参加できないくらいのダメージを受けたんだから、鉄砲の威力は十分に認識していたと思うよ。じゃあ新選組が全員鉄砲で武装していたら勝てたかというと、それはやっぱり新選組の人数なんてたかが知れていたから、結局はだめだっただろうけど」

――その鳥羽伏見の後、新選組は壊滅状態になってしまいますね。

「負けて江戸へ帰って**甲陽鎮撫隊**なんてのを組織した。でもあの時点で新選組は終わっていたと思う。俺は、近藤と沖田が同じ船に乗せられて江戸に行く時、ふたりで見た空が終焉の空だと思うんだよ。新選組の終焉。そこから先は流れの勢いに乗った人たちがいたということだろうね」

――甲陽鎮撫隊瓦解の後、近藤は**流山で捕縛**されてしまいます。土方は勝海舟のところへ近藤の助命嘆願に行ったとあります。

「勝海舟の『氷川清話』にも土方が来たってあるけどね。ほんとに助けを求めに行ったのかなあ。近藤が捕まった、もうこれはしょうがないから、せめて武士らしい死に方を

池田屋事件

元治元年6月5日、京都三条小橋・池田屋で過激派浪士が集まっていたところを新選組が襲撃した事件。

鳥羽伏見の戦

慶応4年1月3日勃発。旧幕府軍と新政府軍との闘い。

百姓あがり

新選組の幹部である近藤勇も土方歳三も多摩の農民出身であった。土方は石田村の「お大尽」といわれるほどの豪農の末子。

鉄砲で撃たれて

慶応3年12月18日、二条城から伏見への帰途、墨染付近で狙撃された。犯人は御陵衛士の残党。

甲陽鎮撫隊

慶応4年、江戸へ帰還した新選組は新政府軍を迎え撃つため甲府へと進軍することになり、一時的に甲陽鎮撫隊と名を改めた。

させられないだろうかって相談しに行ったのではないかと思うんだよね。まあ、本当は何を頼みに行ったのか、今となっては分からないけど」

死ぬ気だったら会津で死んでいたでしょう

――近藤と別れ、土方は**旧幕府軍**に合流するわけですが、それまでの新選組副長としての土方と、それ以後の土方とでは何かが変わったのでしょうか。

「新選組は集団だったわけだから、ある程度、彼にとっては枷（かせ）だったでしょう。ただ、『新選組の土方』ってよく考えると何もやってないんだよ。そりゃ京都の市中警護とか**隊規を厳しく**したとかはある。いろんな人間が集まってるから統率も必要だけどね。でも新選組としてやったこと、って考えると、ほとんどない」

――では、土方にとって新選組って何だったんでしょう。

「土方が自らの人生を委（ゆだ）ねてしまった最初の集団だった。その集団をなんとかして人殺しや機動隊という集団ではなく、もう少し違った集団にしようとしていたんだと思う」

――土方はこの後、各地で闘いに参加するわけですが、土方はこの戦争の仕方というものをどこで学んだんでしょうね。

「新選組ですよ。新選組がどういう訓練をしたかというと、もう徹底的に集団戦です。人をひとり斬る時も、強いやつが単独で出ていって斬るわけじゃない。ひとりが前から攻めてそいつに気を取られている間に横から斬るとか、本当に集団で斬る戦法だったんだよ。まあ、池田屋は屋内だから例外だけど。集団戦でも5人でやる集団戦、50人の集団戦、100人の集団戦とそれぞれ違いはあるけど、土方はせいぜい500人くらいの

――**流山で捕縛**

勝沼戦争で敗走し、再起を図って江戸で隊士を募集するため、流山に屯集していたところを新政府軍に発覚、近藤は投降する。

――**旧幕府軍**

江戸城開城後、新政府軍に徹底抗戦を挑もうとする旧幕臣が集まってできた軍。そこに近藤と別れた土方も合流した。

――**隊規を厳しく**

新選組には鉄の掟ともされる約定（やくじょう）があり、違反したものは切腹という厳しいものであった。土方は常にこの掟の番人であった。

集団戦しかやってこなかったろうね。けれど集団戦の感覚ってのはつかんでたと思う、新選組の闘争のなかで。確実に人を殺して、自分たちの犠牲は極力少なくする、これは戦の基本だよ。土方が近代戦をどれだけマスターしていたのかは分からないけど、**蝦夷**（えぞ）**の二股**（ふたまた）だって遊軍をあてにしないで闘っている。これは新選組の闘い方でしょ」

——会津を経て、土方は北へと転戦していきます。蝦夷には榎本武揚（えのもとたけあき）が独立国を建国しようとしていたわけですが、その時の土方の気持ちはどんなものだったのでしょう。

「俺は、土方は死ぬ気なら会津で死んでいたんだと思うんだよ。**会津様**には世話になってるわけだし、ここで一緒に死ぬのが道理でしょ。それが生きて闘って蝦夷へ来た。これは死ぬ気はなかったと。調べてみると土方は戦争で一回も負けていないんだよね。敗北しないということは、本気でやってたということだよ。で、そこへ蝦夷を独立国にしようという話があったら、かなり本気で独立させようと考えていたんじゃないかと思う。でも榎本が頭領じゃだめ。もし**徳川慶喜**（よしのぶ）が蝦夷に行けたとしたら、会津の武士だって江戸にいる旗本だって大挙して行っただろう。徳川の国旗なら人は集まるけど、榎本の国旗では人は集まらないよ。で、土方はその独立の夢に乗った」

——では、死ぬ気はなかった?

「よく、土方は死に場所を求めて蝦夷に行ったっていうけど、榎本と一緒に死んだって何の意味もないんだよね。新国家をつくるための前線に立とうという覚悟を持った人間として土方を考えると、見えてこなかったモノも見えてくる」

——蝦夷を独立国にして土方は何をしようとしていたんでしょう。

「これは俺が考えてることだけど、独立国家ができた時、新選組はまた別の集団に成り

——蝦夷の二股

明治2年4月13日に始まった新政府軍と土方軍の戦いの舞台となった土地。激戦であったが土方軍は勝っていた。しかし五稜郭本営への退路を断たれる恐れがあったため、やむなく退却。

——会津様

会津藩主であり京都守護職である松平容保（かたもり）。新選組のスポンサーでもある。会津は最後まで徳川家に忠誠を誓い、戊辰戦争中、最大の激戦地となった。

——徳川慶喜

15代将軍。徳川最後の将軍であったが、将軍職に就いていたのはわずか10カ月であった。大政奉還を決行し、江戸へ戻って上野寛永寺で蟄居（ちっきょ）。明治時代には公爵として復権、余生を送る。

得たと思ってるんだ。新選組は**バラバラに**なってしまったけど、そうなる前から土方は何かを考えていたんじゃないかと。新選組のやり方で**箱館や松前**は警備できてたんだし。やっぱり町中の治安維持のために鉄砲使うわけにはいかないからね。新選組の時と同じやり方で、でもそこで少しずつ軍隊の形式をとっていったら、結構な集団ができたはずなんだよね。土方は新選組と共に別のステップに上がることを考えた時期もあったんじゃないかな」

生きてロシア人の嫁さんもらっちゃ、だめなのか

――若い人を中心に新選組というのは非常に人気があるんですが、なかでも土方はダントツで女性にファンが多いようです。

「まず**残っている写真**が男前だもん（笑）。確かに近藤みたいな死に方をせず、永倉のように長生きしなかったっていうのもあるけど、人気に火がついたのは写真だろう？ 戦前までは悪者だったんだから、新選組は。それが美的に捉えられるようになったきっかけってのはやっぱり土方の写真だよ。それにあそこで死んだから。あとは、変革期に人間が発揮するエネルギーだね。変革期って人間はありとあらゆることにエネルギーを感じることができるんだよ。あの時代より30年前に生まれていたら、あの土方はなかったでしょう。ちょっと剣道の強い農家のお兄ちゃんで、商売もやって少し成功して江戸に店出しちゃう、なんてね。あの時代に**生まれるべくして生まれた人たち**があれだけのエネルギーを出せた。やっぱり時代背景があったと思う。背景のなかでどう生きるか、それが重要だよ」

――バラバラに――
永倉新八と原田左之助は江戸で別れ、靖共隊（せいきょうたい）を組織して官軍と闘う。沖田総司は江戸で病死、斎藤一（はじめ）は会津に残り、命運を共にした。

――箱館や松前――
旧幕府軍は蝦夷上陸後、すぐに箱館と松前を平定、新選組は箱館の市中警護を任務とした。

――残っている写真――
撮影された時期などは不明。が、洋装で写っているため、鳥羽伏見以後。バストアップのものと全身が撮られたものがある。

――生まれるべくして生まれた人たち――
幕末という時代は、多くの人材を輩出した。長州では吉田松陰、高杉晋作、桂小五郎、土佐の坂本龍馬、中岡慎太郎、薩摩の西郷隆盛、大久保利通など。

――『黒龍の柩』では土方は箱館で死なずに生き残ってしまいますね。

「あれはもうずいぶん言われましたよ。土方がここで死なないなんて（笑）、敵に後ろを見せる卑怯な人じゃないとかね。生き残ってロシア人の嫁さんもらったとか商人やってたりなんて書いたら、魅力がなくなるんだろうなあ（笑）。土方は多くのフィクションのなかで『滅びの美学を体現した人』となってるけど、考えたらあそこでの**死に方**ってちょっとセコいよ。ひとりで突っ込んで俺は新選組の土方だっていって撃ち殺されちゃうんだから。それまで土方の蝦夷における闘いは全部勝っていたんだよ。**松前城**だって1日で落としたし、二股だって負けてない。そんな人間が自殺みたいな死に方するかな？」

――けれど生き残ってどうするんでしょうか。

「それを聞かれるとねえ。……やっぱり北へ行ったと思うよ。それで黒竜江（こくりゅうこう）へ渡る（笑）という風な形で考えていくしかないんだよ。ひとりの男の人生があそこでいちど終わり、次の人生を求めて黒竜江へ渡る。こういうことしか考えられないんだよね。で、馬賊になった**原田左之助**と会うなんてこともあり……」

――それはいいですね。ロマンがある。

「土方の遺体って新選組**隊士しか確認してない**んだよ。隊士が口裏合わせれば、土方は生きているのに死んだと見せかけることもできる。ともかく俺は、俺の新選組を書いただけ。あくまでも小説だから、正しいとも間違っているともいえないけど、新選組だって少し変えていかないといけないよ。俺の土方はこれなんだ。現実の土方を、もう誰も知らないんだから」

――**死に方**
明治2年5月11日、新政府軍が箱館に総攻撃をかける日、土方はわずかの兵を率いて一本木関門に進軍したが、銃弾を受け死亡。

――**松前城**
旧幕府軍は五稜郭に入城するとすぐに新政府軍側の松前藩の討伐（とうばつ）を行なった。この討伐軍の指揮官が土方であった。

――**原田左之助**
試衛館メンバーで十番組組長であった原田は、江戸帰還後、土方らと袂（たもと）を分かち、その後上野戦争で戦死したとされるが、日清・日露戦争の折、馬賊として中国大陸で生きていたという風聞がある。

――**隊士しか確認してない**
新選組隊士の安富才介、澤忠助、立川主税が確認したとされる。

歳三の軌跡をゆく。

武士になる日を夢見て発った故郷。
非情な任務に励んだ王都から、訣別、転戦、
死地へ――。名作の断片でたどるゆかりの地

写真:岡田正人

【三条大橋】

九月十二日夜、京の空は雲は幾片か浮かんでいたが、この季節にふさわしい晴夜といえた。午後十時を過ぎて、月は沖天にかかった。橋上は、真昼のようにあかるい。

『新選組血風録』(司馬遼太郎)

日野

「武士になる」と庭に矢の材料となる竹を植えた少年は、成長し、浪士募集の告知に胸を躍らせた

トシという石田村百姓喜六の末弟歳三の人生が大きくかわったのは、安政四年の初夏、八十八夜がすぎたばかりの蝮の出る季節だった。

『燃えよ剣』(司馬遼太郎)

【高幡不動尊・土方歳三の像】

土方歳三は、五尺の上に五寸は確かにあった。ひどく丈の低い人のようにいうが、勇と並ぶと、髷つぶしだけは高かったのである。なかなか美男子で、評判であった。

『新選組始末記』(子母澤寛)

傳通院

【伝通院】

会合は、小石川伝通院の処静院でおこなわれた。その場所で、歳三はその男をはじめて見た。——その男に対する土方歳三の感情は、この日から出発したといっていい。

『新選組血風録』

その頃の壬生は京の町はずれというより、洛西ののどかな村でした。縁側の先は広い庭で、見渡す限りの田圃の向こうに二条城が見えたもんです。　『壬生義士伝』(浅田次郎)【八木邸】

御神燈

【祇園祭】

同元治元年六月五日、山崎は池田屋の一室で時の移るのを待つうちに、日が暮れた。この日は、祇園の宵山で、日暮れとともに四条通り周辺の各町内の鉾や山に灯が入り、祇園囃子が湧くように奏でられている。　『新選組血風録』

京都

身体を張って勝ち取った栄華の日々。しかし時流は彼らを置いて刻々と移っていく……

維新史蹟
池田屋騒動之址

【池田屋跡】

わかるかい。虎徹を抜き放って池田屋の梯子段を駆け上がった近藤勇は、何百年も続いた世の中の理不尽を、がっしりとその背中にしょってたんだ。そして土方歳三は、奥歯をぐいと噛みしめて、報せを待っていた。

『壬生義士伝』

【金戒光明寺（黒谷）】

黒谷の会津本陣に到着したときは、陽も午後にややかたむくころであった。／「ほう」／と近藤は見あげた。／鉄鋲を打った城門のような門がそびえていた。会津本陣とはいえ、ありようは、浄土宗別格本山金戒光明寺である。

『燃えよ剣』

【山南敬助墓らの墓（光縁寺）】

見届けたのは土方自身だった。／山南と土方の間に、言葉にはできないなにかが、間違いなくあった。二人は、それを沖田にわからせようともしていた。いまは、そう思う。

『黒龍の柩』（北方謙三）

大石造酒蔵源守仲墓
慶應元
二月二十三日没

【鶴ヶ城】

北大手門に、「降参」と大書した白旗が掲げられたのは、忘れもせぬ明治元年九月二十二日、巳の刻じゃった。／今の暦でいうのなら十一月の初めであろうか。寒気いや増し、領民の蒙る塗炭の苦しみを思えば、開城も致し方なかった。

『壬生義士伝』

東北転戦

近藤勇と、斎藤一と、永倉、原田と……。盟友たちとの離別を乗り超え、歳三は北へ向かう

宇都宮城跡

【宇都宮城跡】

流山で近藤を捕縛した者達がこの城に居る——という実感は、俺にとっては、又しても誰の手に渡ったかとも分らぬ遠いところへ、近藤が連れ去られてしまったということに外ならなかった。

『土方歳三』（大内美予子）

【母成峠古戦場】

道の急に狭まったあたりを、保成峠と称するらしい。この辺り一面は道をはずれても、ごくまばらに低い潅木が茂っているばかりで、ほとんどが、今は黄ばみがかった草で覆われ、ゆるやかなうねりを持った山の斜面が裾を広げ、十分騎馬で行くことが出来る。　『土方歳三』

母成峠古戦場
松平保定書

箱館

新国家建設――。人生の最後まで、武士の時代の最後まで闘い続けた男の、夢

【五稜郭】

もうひとつ、こうも考えた。／五稜郭ってえ変てこな城は、俺たちの心の中みてえだって。／できそこないの砦の土手に立って、ぼんやりとちっぽけな城内を見渡していると、そこがてめえの心の中に見えてくるのさ。『壬生義士伝』

【宮古湾】

「松島も美しかったが、この宮古湾にはおよばないかもしれない」／と、歳三は、いつになく多弁に、市村鉄之助に話しかけた。／希望が、景色を美しく見せている。『燃えよ剣』

碧血碑

【碧血碑】

闘い抜いて、死ぬ。それしか、道はないのだろうか。死ぬために、闘い続けてきたわけではない。それなら、近藤とともに死んでいる。夢のために生きる。だから、蝦夷地まで来たのだ。

『黒龍の柩』

テレビ・映画・舞台の土方

**再放送でドラマ版『燃えよ剣』の栗塚旭を観てしまったその日から
すべての土方映像をチェックしてきたという
作家・山村氏が選んだ、「これぞ観るべき〝土方役者〟」！**

作品セレクト・文：山村竜也

鍛冶
四郎兵衛

【栗塚 旭（右）】

すべてはこの人から始まった。総髪を後ろに束ね、額には数本の前髪を垂らす髪型。鋭い眼光と重々しい口調。その格好よさに惚れて土方ファンになった人は数えきれない。通算7度の副長役を誇る問答無用の〝土方役者〟だ。

60～70年代

勃興期。現在、新選組ものの創作者には、この頃の映画やドラマで新選組デビューした人が多い

沖田総司

▲『沖田総司』
東宝ビデオからレンタル中。沖田の恋人役で真野響子が映画デビュー。

新選組血風録
1

▲『新選組血風録』
NET系ドラマ版VD。東映ビデオから発売中（全13巻・各5000円）。

SHV
燃えよ剣

▲『燃えよ剣』
NET系ドラマ版VD。東映ビデオから発売中（全13巻・各5000円）。

【古谷 一行】

〝鬼副長〟土方を演じようとして力が入りすぎていたようだ。メイクも過剰気味。でも、現代劇『京都㊙指令・ザ新選組』(84年・テレビ朝日系)で見せた土方一也役は、自然な感じでよかった。

写真提供:TBS

	タイトル・公開(放映)	土方歳三役	内容と見どころ	近藤役/沖田役
テレビ	新選組血風録 (65年　NET系)	栗塚 旭	栗塚旭の土方歳三デビュー作。ナレーションも栗塚自身がやっていて、土方の目から見た新選組を描いている。	舟橋 元 島田順司
映画	燃えよ剣 (66年　松竹)	栗塚 旭	前年のテレビ版は東映製作であり、これはまったくの別スタッフによって作られたもの。栗塚演ずる土方の印象も少し違う。	和崎俊哉 石倉英彦
テレビ	燃えよ剣 (70年　NET系)	栗塚 旭	これが極めつけ。栗塚は顔も髪型も『血風録』の頃より格段によくなっている。新選組映像作品の最高峰だ。	舟橋 元 島田順司
テレビ	新選組 (73年　フジテレビ系)	栗塚 旭	主役は近藤勇なので、土方が目立たず、栗塚もやりにくそうだった。土方ファン以外にとってはかなりの名作(笑)。	鶴田浩二 有川 博
テレビ	鞍馬天狗 (74年　日本テレビ系)	成田三樹夫	もちろん鞍馬天狗(竹脇無我)が主役だが、成田の土方が渋くてよかった。コワモテで本当に鬼の副長って感じ。	若林 豪 古谷一行
映画	沖田総司 (74年　東宝)	高橋幸治	織田信長をやらせたら日本一の高橋が幕末ものに登場。草刈の沖田と信頼し合っている感じがよく出ていた。	米倉斉加年 草刈正雄
テレビ	新選組始末記 (77年　TBS系)	古谷一行	映画以来2度目の、草刈による沖田が人気を博した。ストーリー的には沖田の死後、土方が箱館に渡航する直前で終了となる。	平 幹二郎 草刈正雄

80年代

バブル突入前夜は、なぜか敬遠された幕末もの。
80年代後半、年末年始特別ドラマで急に復活

ⓒユニオン映画

【近藤 正臣】

往年の二枚目青春スターは、土方役をやらせてもぴったりだった。テレビの『白虎隊』では会津白虎隊の少年たちを励ます頼もしい存在を演じ、舞台『五稜郭恋歌』では死地に赴く男の浪漫を好演していずれもポイント高し。

白虎隊

▶『白虎隊』
バップよりビデオ発売中（2本組・7800円）。

ⓒユニオン映画

【渡 哲也】

今日では石原軍団を率いる渡が、新選組を統率した土方を演じるのはイメージ的には申し分ない。本人も気合いの入った演技を見せていた。ただ、持ち前の渋さだけではなく、土方の持つ甘さが出るともっとよかった。

五稜郭
DVD

◀『五稜郭』
バップからDVD発売中（2枚組・6000円）。

	タイトル・公開（放映）	土方歳三役	内容と見どころ	近藤役／沖田役
テレビ	いのち燃ゆ（81年　NHK総合）	栗塚 旭	柴俊夫演ずる幕末の商人のドラマだが、新選組がゲスト的に登場する。栗塚の土方が久々に復活してファン落涙。	柳原久仁夫／宮本宗明
テレビ	鞍馬天狗（81年　TBS系）	細川俊之	草刈正雄が鞍馬天狗になって帰ってきた。迎え撃つ土方役の細川俊之は、冷たい感じが土方らしかった。	財津一郎／羽賀研二
テレビ	壬生の恋歌（83年　NHK総合）	夏八木 勲	平隊士の視点からの新選組であるため、土方は怖いだけの人として描かれていた。だったら夏八木はぴったりか。	高橋幸治／利倉 亮
テレビ	白虎隊（86年　日本テレビ系）	近藤正臣	白虎隊を中心とする幕末の会津藩の悲劇を描いたドラマ。新選組の出番も多く、近藤正臣が格好よかった。	夏八木 勲／中川勝彦
テレビ	新選組（87年　テレビ朝日系）	竹脇無我	話題の中心はもっぱら沖田役のヒガシ。その次が大御所の松方。残念ながら竹脇無我はあまり存在感がなかった。	松方弘樹／東山紀之
テレビ	五稜郭（88年　日本テレビ系）	渡 哲也	榎本武揚役の里見浩太朗が主役だが、土方はそれに次いで重要な描かれ方をしていたから、新選組ファンも大満足。	夏八木 勲／高橋良明

90年代

役所広司、杉本哲太、ビートたけしなど、
「繊細ハンサム」のイメージを塗り変える新・土方出現

写真提供:テレビ東京

DVD
御法度
GOHATTO

▲『御法度』
松竹ホームビデオから
DVD発売中(4700円)。

【役所 広司】

それまでの土方役の俳優の多くが冷徹で重厚な雰囲気を醸し出していたのに対して、若々しいイメージの新しい土方像を創り上げた。浅葱の羽織はもちろんのこと、戊辰戦争の時の洋装断髪にしたスタイルも抜群に似合っていた。

DVD
幕末純情伝

▲『幕末純情伝』
角川書店からDVD発
売中(4700円)。

『御法度』大島渚監督 1999年
製作:松竹株式会社

【ビートたけし】

土方っぽくはないけれど、ここでも存在感抜群のこの人。近藤との微妙な関係をうまく演じていた。

【杉本 哲太(中央)】

銀蝿一家の「紅麗威甦」の頃から格好よかったが、土方役をやらせてもなかなか似合っていた。

ⓒ角川大映

	タイトル・公開(放映)	土方歳三役	内容と見どころ	近藤役/沖田役
テレビ	燃えよ剣 (90年　テレビ東京系)	役所広司	あの名作が久々のリバイバル。役所は栗塚とは違う味わいの、躍動感あふれる土方像を創り上げた。	石立鉄男 辻 輝猛
映画	幕末純情伝 (91年　角川書店)	杉本哲太	「沖田総司はBカップ?」のコピーが有名な娯楽編。坂本龍馬が沖田に惚れ、沖田が土方に惚れる三角関係が描かれた。	伊武雅刀 牧瀬里穂
テレビ	新選組池田屋の血闘 (92年　TBS系)	地井武男	『太陽にほえろ!』のトシさんこと井川利三刑事が、場を改めて実際の土方を演じた作品。地井本人も土方ファンとのこと。	里見浩太朗 野村宏伸
テレビ	徳川慶喜 (98年　NHK総合)	橋爪 淳	脇役として新選組が登場するが、主役の慶喜が地味な動きしかしないのだから、もっと出番を多くしてもよかった。橋爪も目立たず。	勝野 洋 小沢征悦
テレビ	新選組血風録 (98年　テレビ朝日系)	村上弘明	名作ドラマのリバイバル。村上は何をやらせても格好いい。が、いまだに必殺仕事人「鍛冶屋の政」を超えるものはないかも。	渡 哲也 中村俊介
映画	御法度 (99年　松竹)	ビートたけし	大島渚監督の問題作。松田龍平演ずる美少年隊士・加納惣三郎を中心に描かれた異色の新選組。原作は『新選組血風録』。	崔 洋一 武田真治

00年代

浅田次郎、三谷幸喜など、若者の支持を受けた作家らが提案する新・新選組像の始まり

『壬生義士伝』滝田洋二郎監督 2003年　製作:松竹株式会社

【野村 祐人】

ワイルドな二枚目の土方歳三。もう少し評価されてもいいように思うが、なにしろ主役は吉村貫一郎なので、映画版では土方の出番自体が少なかったのが残念だ。野村はシェイプUPガールズの今井恵理との結婚でも話題を呼んだ。

壬生義士伝

▲『壬生義士伝』映画版。DVDは松竹ホームビデオから(4700円)。

▲『壬生義士伝』ドラマ版。DVDは松竹ホームビデオから(4枚組・15200円)。

	タイトル・公開(放映)	土方歳三役	内容と見どころ	近藤役/沖田役
テレビ	壬生義士伝 (02年　テレビ東京系)	伊原剛志	浅田次郎のベストセラーを10時間ドラマで描いた。主役は渡辺謙演ずる吉村貫一郎。伊原はまあまあの土方か。	柄本 明 金子 賢
映画	壬生義士伝 (03年　松竹)	野村祐人	浅田版新選組が銀幕に。吉村貫一郎役は中井貴一になり、いっそう観客を泣かせた。斎藤一役の佐藤浩市もいい。	塩見三省 堺 雅人
テレビ	新選組! (04年　NHK総合　予定)	山本耕史	三谷幸喜脚本で期待の04年大河ドラマ。主役は近藤だが、土方も近藤を補佐するかけがえのない親友として描かれる。	香取慎吾 藤原竜也

撮影:伊東和則

【上川 隆也】

あの『大地の子』(95年、NHK総合)でブレイクした直後、所属劇団「キャラメルボックス」の舞台で土方を好演。この時は主役ではなかったが、いよいよ04年5月、「明治座」公演『燃えよ剣』での主演が控えている。

演劇

小劇団まで入れるとキリがないくらい新選組ものの舞台は多い。ここでは名作を3本紹介

	演目・初演	土方歳三役	内容と見どころ	近藤役/沖田役
舞台	五稜郭恋歌 (90年　新橋演舞場)	近藤正臣	『白虎隊』で土方を好演した近藤正臣が、舞台で再び土方に扮した作品。主演の三田佳子と幕末のロマンスを。	— —
舞台	士魂・山本覚馬伝 (91年　オフィス企画舎)	栗塚 旭	会津藩士・山本覚馬の生涯を描いたこの舞台で、奇跡のように栗塚の土方が復活した。まさに永遠の土方役者だ。	— —
舞台	風を継ぐ者 (96年　キャラメルボックス)	上川隆也	主役は架空隊士の立川迅助ら。01年に再演されているが、その時の土方役は同劇団の大内厚雄。初演版DVDは劇団に問い合せを。	— 菅野良一

宝塚歌劇

美しい男たちがはかなく散っていく。その姿は、この劇団にうってつけだった

【麻路 さき】

新選組は宝塚歌劇のテーマとしても最適。当時、星組トップの彼女が土方を演じて好評を博した。鬼をイメージした衣装に着替え、土方の苦悩を表現して踊る幻想的な場面が印象に残る。98年に宝塚を退団、引退。

	演目・初演	土方歳三役	内容と見どころ	近藤役／沖田役
舞台	星影の人（76年　宝塚）	麻実れい	雪組トップの汀夏子が沖田を演じて人気を呼んだ作品。麻実は素朴な沖田とは対照的な、粋な土方を演じた。	沖 ゆき子／汀 夏子
舞台	誠の群像（97年　宝塚）	麻路さき	京都時代から箱館まで、戦いに明け暮れた土方の生涯を描く。全隊士によるオープニングの踊りは圧巻。	千秋 慎／絵麻緒ゆう

栗塚旭よ、永遠に！　そして頑張れ、山本耕史

新選組副長の土方歳三といえば、今でこそ幕末を代表するヒーローだが、長い間、時代劇のなかでは悪役を務めてきた。血も涙もある局長・近藤勇に対して、土方は冷血で卑怯な男として描かれ、なかには、その存在感すらまったくない作品もあるほどだった。かつての時代劇にとって、しょせん土方は脇役に過ぎなかったのだ。

そんな土方像を一変させたのが栗塚旭だった。司馬遼太郎原作の『新選組血風録』（65年・NET系）で土方役に抜擢された栗塚は、その凛々（りり）しく美しい容貌と渋い演技で一躍脚光を浴び、文字どおりのスターとなった。と同時に、あくまでも自分の信念を貫いた男としての土方像が、初めて世間にクローズアップされたのである。

以後もテレビ、映画、舞台で土方を演じ続け、〝土方役者〟の名をほしいままにした栗塚だったが、今回、久々にうれしいニュースが飛び込んできた。２００４年のＮＨＫ大河ドラマ『新選組！』に、土方の兄・土方為次郎役で出演することが決定したのである。オールドファンにとっては、栗塚の顔が見られるだけでもうれしいのに、役柄が土方と血のつながりのある者という制作側の配慮は感涙ものだ。

そして、栗塚が見守る新時代の土方役は山本耕史。役者としてたくましく成長したキミには、かつてトレンディドラマで見せていた幼いイメージはもうない。往年の栗塚が大概の作品でそうであったように、近藤勇をしのぐ存在感を見せるチャンスがやってきた。期待しているぞ！

出版・映像年表　主な「新選組もの」とその時代

大正14（1925）年	『新撰組』（白井喬二）
昭和3（1928）年	『新選組始末記』（子母澤寛）
昭和4（1929）年	『新選組遺聞』（子母澤寛）
昭和6（1931）年	『新選組物語』（子母澤寛）
昭和16（1941）年	真珠湾攻撃、太平洋戦争始まる（〜昭和20年8月）
昭和27（1952）年	『新選組』（村上元三）
昭和36（1961）年	池波正太郎『色』を発表
昭和37（1962）年	『新選組血風録』（司馬遼太郎）連載開始（〜昭和38年12月）
	『燃えよ剣』（司馬遼太郎）連載開始（〜昭和39年3月）
昭和39（1964）年	東京オリンピック開催
昭和40（1965）年	ドラマ『新選組血風録』（NET系・土方役は栗塚旭）
昭和44（1969）年	映画『新選組』（三船プロ・土方役は小林桂樹）
昭和45（1970）年	ドラマ『燃えよ剣』（NET系・土方役は栗塚旭）
	三島由紀夫が自衛隊市ヶ谷駐屯地の一部を占拠後、割腹自殺
昭和47（1972）年	あさま山荘事件
昭和49（1974）年	『土方歳三』（大内美予子）
	ドラマ『鞍馬天狗』（日本テレビ系・土方役は成田三樹夫）
	映画『沖田総司』（東宝・土方役は高橋幸治）
昭和50（1975）年	『六月は真紅の薔薇　小説沖田総司』（三好徹）
昭和51（1976）年	マンガ『天まであがれ！』（木原敏江）第1巻刊行
	ロッキード事件起こる

昭和59(1984)年	マンガ『浅葱色の風』(里中満智子)
昭和61(1986)年	ドラマ『白虎隊』(日本テレビ系・土方役は近藤正臣)
昭和63(1988)年	ドラマ『五稜郭』(日本テレビ系・土方役は渡哲也)
平成2(1990)年	ドラマ『燃えよ剣』(テレビ東京系・土方役は役所広司)
平成3(1991)年	湾岸戦争
平成4(1992)年	バブル経済の崩壊
平成6(1994)年	マンガ『るろうに剣心』(和月伸宏)第1巻刊行
平成7(1995)年	阪神・淡路大震災
平成9(1997)年	山一証券など金融機関の破綻相次ぐ マンガ『風光る』(渡辺多恵子)第1巻刊行(平成15年9月現在、連載中) マンガ『無頼―BURAI―』(岩崎陽子)第1巻刊行
平成10(1998)年	永倉新八の『浪士文久報国記事』発見される ドラマ『新選組血風録』(テレビ朝日系・土方役は村上弘明)
平成11(1999)年	マンガ『新撰組異聞PEACE MAKER』(黒乃奈々絵)第1巻刊行(平成15年9月現在、続編『鐵(クロガネ)』連載中)
平成13(2001)年	アメリカで同時多発テロ事件
平成14(2002)年	『黒龍の柩』(北方謙三) ドラマ『壬生義士伝』(テレビ東京系・土方役は伊原剛志) 日朝首脳会談。いわゆる拉致問題が表面化
平成15(2003)年	映画『壬生義士伝』(松竹・土方役は野村祐人)
平成16(2004)年	大河ドラマ『新選組!』(NHK総合・土方役は山本耕史)放映開始(予定)――

『新選組始末記』、忘れさられた人々の雪冤

縄田一男（文芸評論家）

武州多摩の田舎剣士から身を起こし、落日の徳川家に忠誠を誓い、風雲京洛の巷に、甲州勝沼に、或いは北辺の地・箱館に、果敢に戦い、散っていった男たち。新選組に対するオマージュは、彼らの最期が悲壮であればあるほど、今なお私たちの胸に熱い思いをかき立ててやまない。

これまでに一体何人の作家が彼らのことを作品化して来たであろうか。が、すべての原点はこの一巻、子母澤寛の『新選組始末記』（昭和三年八月、万里閣書房刊）にある。

ここで少々、作者の生い立ちについて筆を費やせば、子母澤寛は、明治二十五年、北海道石狩郡厚田に生まれた。父母との縁が薄く、彼は間もなく祖父母のもとへひきとられ、そこで成長することになるが、祖父の梅谷十次郎、通称斎藤鉄五郎は、彰義隊の一員として上野で官軍と一戦まじえたという人物。敗走して五稜郭まで行ったものの、ここでもまた官軍に敗れ、捕虜となった後、士籍を返還して開拓の仕事に従事した。

明治二年、ニシンの漁場として活気づいた厚田に腰を落ち着けることになる。この御家人くずれの祖父は、ニシン漁家の用心棒をつとめたり、喧嘩の仲裁を買って出たりとかなり伝法肌の人物だったらしい。

その十次郎によって、寝物語に、彰義隊の上野の山での戦いや、五稜郭での戦いの話を聞かされたことが、後の子母澤寛の文学を決定づけた、といっていい。特に「箱館戦争の敗残者、江戸の侍が、蝦夷石狩の厚田の村に、ひっそりと暮らしていた」という一文ではじまる短篇『厚田日記』は、子母澤寛の祖父への思いを見事に作品化した秀作として知られている。

従って、新選組研究は彼の中で自らの血につながる課題として位置づけられるわけだが、その子母澤が北の果てで聞かされた思い出話を、自己の文学の出発点として血肉化しはじめるのは、東京日日新聞に入社し、昭和二年から翌年にかけて、昭和戊辰にちなんで連載された『戊辰物語』の執筆に関与してからだ。従来の歴史書のかたちにとらわれず、実際に戊辰を体験した人たちの談話によって構成された「生きた歴史」ともいうべきこの物語の執筆は、子母澤寛にルポルタージュ文学の必要説を促し、これが史実や巷説(こうせつ)を徹底した現地踏査によって再構成、足で取材し、目や耳で確かめる、『新選組始末記』における〝聞き書き〟の手法へと結実していくのである。

この一巻は、その序文に「歴史を書くつもりなどはない。ただ新選組についての巷説漫談或いは史実を、極(ご)くこだわらない気持ちで纏(まと)めたに過ぎない（中略）しかし近藤勇という人物には、ちょっと面白いところがあると思った。いい、わるいは別として、本当に憎めたり、本当に泣いてやったりすることの出来る人物である」と記されているように、その聞き書きの手法を活かしてまとめられた新選組の歴史的発掘の端緒となった労作として知られている。

隊士生き残りの永倉新八翁語るところの近藤勇の道場の模様からはじまり、勇や土方歳三の生家、清河八郎の策士ぶり、芹沢鴨一派の暗殺、池田屋事変等、六十六篇のエピソードで構成、多くの直談、遺談、回想等を活用し、新選組を血の通った歴史の中に再現した名著である。

ちなみに、今日までに新選組の存在を見直す大きな節目となる時期が二つあった。一つは明治維新から六十年目に当たる前述の昭和三年（既に記したようにこの年は明治元年から干支がひとまわりした戊辰の年でもある）と、もう一つは、明治百年に当たる昭和四十三年の二つであり、後者は別項で触れる司馬遼太郎の『新選組血風録』や『燃えよ剣』がブームの中核を担った。前者は『新選組始末記』や平尾道雄の『新選組史録』が相次いで刊行された年であり、同時に天皇即位式の一カ月半ほど前に、秩父宮と勢津子妃殿下との結婚式が行われている。綱淵謙錠が随筆『〈新選組〉文学の接点』で記しているように、この結婚は「天皇の弟君と、〈佐幕〉雄藩の筆頭であった会津松平家の出である勢津子妃殿下との御婚儀」であり、「六十年間〈朝敵〉の汚名を蒙っているという被害者意識に苦しんできた会津の人々は、この結婚式にようやく汚名が消滅したといって、感涙にむせんだ」という。歴史の符号とはいえ、象徴的なことといえよう。

　そして子母澤寛はこういう――「幕末の歴史を語るに際して、官軍だの、賊軍だのということばほど、凡そ、当たらないものはないですな。その時分の実際については、全く官軍も賊軍もあったもんじゃァない。ただ、政治上の意見を異にし、その純理と信じるものの上に、そこは人間である以上、多少の感情も交って、遂には砲火を以って解決したというだけの話なんですな」（『幕末物研究』）と。

　こうした姿勢は、一種の雪冤の意味合いを持っており、『新選組始末記』においては、まず新選組は、京都守護職配下の役人、警察隊の一グループであることが分からないと彼らのやったことも理解出来ない、という考えにつながっていく。

　幕末を知る古老たちが次々と没していく中で、彼らの貴重な証言をもとにしてまとめられたこの一巻は、次いで『新選組遺聞』（昭和四年六月、万里閣書房刊）、『新選組物語』（昭和六年十二月、春陽堂書店刊）と三部作を成し、子母澤作品のみならず、幕末維新ものの原点となった。近藤勇のことをイサムではなくイサミが正しいとしたのも子母澤寛がはじめてで、この三部作の恩恵をこうむっていない新選組に関する作品など一篇たりとも存在しないのである。

しかしながら、昨今の詳細な新選組研究では、子母澤寛の『新選組始末記』の記述が必ずしも史実に沿ったものではない例があることが明らかにされている。新人物往来社『新選組史料集コンパクト版』のはしがきで菊地明は、この一巻を「新選組を知る上での〝原点〟であり、〝原典〟でもある、といえる」「しかしだからといって、その記述がオールマイティーであるということにはならない。権威主義に陥らないかぎり、正しいことは正しく、誤りは誤りでしかない」と断言。「子母澤寛が取材に歩いた昭和初期でも、まだその時期だからこそ得られた情報や史料もあるだろう。しかし、当時の認識で正しい分析を行うことが可能だったか」とし、同書に収録された『新撰組始末記』では「池田屋事変で新選組の襲撃が成功したのは、事前に探索方の山崎丞が池田屋に潜入し、隊士たちを手引きした結果だとし、子母澤寛もその説を踏襲した。しかし、この山崎潜入説が事実でなかったことは、さまざまな角度から指摘されている」と記している。

同時収録の『島田魁日記』の解説（釣洋一）では、「山崎の探索については、子母澤寛の『新選組始末記』によって、最初、大坂へ下り、薬屋に化けて上洛、池田屋へ潜行して、近藤、沖田らの襲撃に備えて、内木戸の錠を開けておいたということで知られている。これほどの活躍をしながら、池田屋騒動の報奨金を受けていないのは矛盾も甚しく解せない」（傍点引用者）と記され、もし山崎が池田屋に潜入していなかったとするならば、子母澤寛ばかりではない、司馬遼太郎の『燃えよ剣』『新選組血風録』の同様の箇所も否定されてしまうことになる。また更に、山崎が富士山艦で水葬にされたという説も甚だ疑問がある、とされている。

だがここで敢えて記しておきたいのは、どのようなドキュメントにも否応なく作者の恣意が存在している、という事実である。子母澤寛は直談の箇所には（永倉新八翁遺談）等と明確に話者の存在を記しているが、それ以外の諸資料を調査した箇所は序文にあるように「新選組に就ての巷説漫談」が入っているはずなのである。巷説＝世間のうわさ、風説のことであり、漫談＝とりとめのない話、或いは風刺や批評等をいれておもしろく話す話術であり、この時点で『新選組始末記』には、或る程度の虚構性が加えられていることは明らかにされているのではあるまいか。

「かねて泊り込んでいる山崎と、新選組屯所の観測が、ぴったり合って、今夜間違いなく池田屋へ集まるものがあると、判明したのは、五日のもう夕方であった」という『新選組始末記』「池田屋事変」のくだりは、そのいかにもらしい記述の一つといえるだろう。

だが、子母澤寛の恣意的な記述は、それでも、官軍たちの手によって〝忘れさられた人々への思い〟をかき立ててやまない。

その一例を、長篇『鴨川物語』に見ることが出来る。この作品は、昭和三十九年二月、子母澤寛、七十二歳の折に中央公論社から刊行されたもので、作者は四年後の昭和十三年七月に心筋梗塞のために他界するので、晩年の作ということになる。題名にある鴨川とは洛北は桟敷ケ岳に端を発し、鞍馬・大原よりの流れと合流し、市外の東部を南下して桂川に注ぐ、全長二十三キロにのびる流れである。古くは堀川のあたりを流れていたというが、平安京造営の時に現在の流路に変えられたという。京都の人たちにとっては正に母なる川というわけだが、その川も幕末の動乱期には幾度血の色に染まったことか――。

作品は、そうした鴨川の三条河原で髪結の店をひらいている三人兄弟をはじめ、岡田以蔵によって悲惨な最期を遂げる目明し文吉やその娘たち、或いは新選組の隊士や勤皇の志士たちを主人公に、京洛風雲の幕末図会と時代の転変を二つながらに描いたものといえる。やはり中でも面白いのは、作者にとってお手のものともいえる新選組の面々を描いている箇所である。ここでは再び『新選組始末記』等で用いられた聞き書きの手法が活かされ、かつて実録としてまとめた新選組の興亡を小説のかたちで再提出したような面白さがある。

そして特に注目したいのは、全篇のむすびとなっている「或る雨の日に」のくだりである。明治四十四年の雨の降る秋の午后、ふとしたことから年老いた作中人物の一人、金太夫と再会した老小説家は、彼女からありし日の近藤勇らの思い出話を聞くことになる。時には聞き役にまわり、時にはともに思い出話に興じるこの老小説家には、かつて新選組隊士たちの事蹟をまとめるべく、古老たちの談話を取材した若き日の作者や、その文学的ルーツとなったありし日の祖父梅谷十次郎の姿が重ね合わされているに違いない。何故なら、作中に設定されているこの明治四十四年こそは、子母澤寛をこよなく愛した祖父がこの世を去った年だったからである。

恣意が入っているとはこのことで、先に引用した『幕末物研究』の巻頭に記された歴史の真実を忘れさられた人々の側から捉え直そうとする作者の声が、そのまま、秋の雨の中から聞こえてきそうな結びではないか。

『燃えよ剣』『新選組血風録』に見る「土方――男の美学」

縄田一男（文芸評論家）

かつて新選組といえば大佛（おさらぎ）次郎の『鞍馬天狗』における敵役であり、近藤勇は芝居や講談で有名な「今宵の虎徹（こてつ）は血に飢えている」という名文句で知られる豪傑然とした人物。沖田総司は結核を病む薄幸の美剣士。そして最も損な役回りであったのが、策謀をめぐらす冷酷非情な軍師ともいうべき副長・土方歳三であろう。

その土方が、今日、一躍理想の男性像として受け止められるようになったのは、これひとえに司馬遼太郎の『燃えよ剣』のおかげである。この長篇は『週刊文春』の昭和三十七年十一月九日号から三十九年三月九日号にかけて連載され、『燃えよ剣』『燃えよ剣・完結編』として、それぞれ、三十九年三月、及び五月に文藝春秋から刊行された。

時は幕末間近、――物語は武州多摩の田舎道を、骨折や打身に効く家伝の妙薬「石田散薬」の行商をしながら歩く男の姿を紹介するところからはじまる。喧嘩早いことから「石田村のバラガキ（悪童）」と呼ばれたこの男こそ、後の新選組副長・土方歳三である。近藤勇の江戸小石川の天然理心流道場師範である歳三は、その後、近藤や沖田総司らと清河八郎の浪士隊に参加して京へ。だが、策士の正体を表した清河と袂（たもと）を分かち、自らの士道にのっとった京都の治安維持組織・新選組を結成する。芹沢鴨暗殺にはじまり、組織づくりに天才的手腕を発揮する土方は、新選組を鉄の規律により、これまでに類のない戦闘集団に仕立てていく。池田屋騒動から鳥羽・伏見の戦い、そして甲州勝沼から流山の敗走、さらには箱館五稜郭へ。永遠の女性お雪との愛を絡め、歳三の戦いは続く——。

この作品で土方は、武州多摩の田舎剣客から身を起こし、風雲京洛の巷に、甲州勝沼の地に、或いは北の果て箱館に、落日の徳川家に殉じ、果敢に散っていった男として描かれている。そして同時に彼が取らざるを得なかった非情な行動は、新選組という組織を守るため、ひいては頑ななまでな徳川家への、いや滅び行くものへの節義を守るため、自らに鉄の掟を課した男のロマンとして組み替えられていったのである。

この新選組の特殊な組織については、司馬遼太郎自身、『手掘り日本史』（昭和四十七年六月、毎日新聞社刊）に収められた「トシさんが歩いている」の中で、江藤文夫の問いに対して次のように答えている。

司馬はいう——「（石田散薬をつくる場合）川で刈る者、それを運ぶ者、陰干しする者、ナマ乾きの草を釜に抛（ほう）り込む者、釜からあげる者、さらに薬研（やげん）で磨（す）る者。袋に入れる者、これが全部一日で出来るかどうかはわかりませんが、ともかく大人数が要る。そのために村中を動員するわけです」「大人数を動かして作業を進めるためには、組織が要りますし、それを運用する頭が要りますですね。それを歳三は好きで、十四歳の頃からやっていた。とにかく彼は、この日は村中を指揮するわけです。彼はそういう組織を動かす仕事が好きだったし、この薬作りの経験を積み重ねながら、組織はこうあらねばならぬ、ということを考えていったんだろうと思います」と。

またいう——「新選組というのは、日本人が最初に持った機能的オルガノン（編注：組織）なんですね」「当時、たしかに藩というものがありましたが、これは人を養っている組織というか、機構であって、ある統一的な目的を持ったシャープな組織ではない。組織の名に値するものでは新選組が開祖です。これはやはり、日本の文化史上、特筆大書すべきことで、その新選組が誕生するのは、文久三年の春ですね」「新選組のシステムでは、統率者が局長の近藤勇であることは、明快ですね。だが指揮者は副長の土方歳三なんです。局長を神聖視して、現実に手を汚す指揮は副長がおこなう。その副長に助勤がくっついている。ヨーロッパ風の軍隊でいうと、副長は中隊長、助勤は中隊長を補佐する中隊付将校です。中隊付将校はまた、それぞれの小隊を指揮する小隊長である。新選組のシステムは、この軍隊の制度そのままなので、オランダかフランスかの中隊制度から学んでいる、ということが分かります」「これをアレンジして、彼自身が中隊長になり、局長は統率者としてさらにその上に置いておく。責任は全部副長のところにくる。彼が腹を切れば済む。局長はそうする必要がない。責任は副長のところで止まる。ここいらの組織感覚は日本的とも言えますが、システムはヨーロッパ風、(局長とか副長、助勤とかいう)ことばは昌平黌などからとってきている。ともかくもそうして、一つの組織をつくりあげたというのは、たいへんおもしろいことですね」(傍点引用者)と。

そして、「新選組という、日本史上にその以前もその以後にも類のない異様な団体」(『燃えよ剣』初刊本あとがき)＝組織をつくった土方は、傍点部にあるように、新選組における憎まれ役を一手に引き受け、自ら信じる節義を守り通し、彼のこよなく愛した「作品」が解体した後も、唯一人、己が手でつくりあげた鉄の規律に従って北辺の地・箱館で散っていった。多くの読者がこの小説をハードボイルド的に理解している所以はここにあろう。そしてこのことは、鳥羽・伏見の戦いに出陣する前に土方が沖田にいう、「いま、近藤のようにふらついてみろ。こんにちにいたるまで、新選組を守るためと称して幾多の同士を斬ってきた、芹沢鴨、山南敬助、伊東甲子太郎……それらを何のために斬ったかということになる。かれらまたおれの誅に伏するとき、男子としてりっぱに死んだ。そのおれがここでぐらついては、地下でやつらに合わせる顔があるか」、という、自分が誅殺した相手に対してまで責任を取り続ける、という姿勢に端的に示されていよう。

土方歳三の男の美学をいやがうえにも感じずにはいられぬ一節である。

また、司馬遼太郎は、先の「トシさんが歩いている」の中でこうもいっている。すなわち、「土方の新選組における思考法は、敵を倒すことよりも、味方の機能を精妙に、尖鋭なものにしていく、ということに考えが集中していく。これは同時代、あるいはそれ以前のひとびとの考えたことのない、おそるべき組織感覚です。個人のにおいのつよすぎるさむらいの中からは、これは出てこないものです」「そこで土方の生い立ちが問題になるわけですね」と。

土方の生い立ち、換言すれば、彼を育てた風土感に関しては、実は、歴史学者の服部之総が、昭和八年九月に大畑書店から刊行された歴史随想『黒船前後』に収められた「新撰組」の中で次のように語っている。

服部之総は、近藤勇の試衛館道場を支えている土壌とでもいうべきものが「江戸にありながら、実質上は武州多摩郡一帯の、身分からいって『農』を代表する、農村支配層の上に築かれていた点」にあり、その地盤は「手作もするが『家の子』も小作も持ち、一郷十郷に由緒を知られ、関八州が封建の世となってこの方数知れぬ武家支配者を迎送しながら『封建制度』の根元的地位に坐して微動もせずに存続してきた特定社会層」であると規定、そこから生まれた新選組を「それはさしずめ『長州』の、やがては『薩長』のくらやみの使者に対して現制度を死守する、特別警察の仕事であった。ブルジョワ的要素に一筋の連絡も持たぬ、多摩出身の封建的根底部分を百パーセント武装化した、試衛館独裁下の新撰組ほど、この任務のために不敵、真剣、精励たりうるものがほかに考えられようか」と結論づけているのである。

組織づくりの天才的オルガナイザーと徳川家への頑なまでの思いがはぐくんで来た風土——その二つが一つになった時、司馬遼太郎は一篇のロマンを、そして一個の「男の典型」（初刊本あとがき）たる土方歳三を想像し得たのである。

実際、この作品には、その土方を「男の典型」たらしめている名場面が随所にちりばめられている。たとえば前述の、鳥羽・伏見の前に土方が病中の沖田のもとを訪れ、愛刀・和泉守兼定を抜き放ち、「刀とは、工匠が、人を斬る目的のためにのみ作ったものだ。刀の性分、目的というのは、単純明快なものだ。兵書とおなじく、敵を破る、という思想だけのものである」「しかし見ろ、この単純の美しさを。刀は、刀は美人よりもうつくしい。美人は見ていても心はひきしまらぬが、刀のうつくしさは、粛然として男子の鉄腸をひきしめる。目的は単純であるべきである。思想は単純であるべきである。新選組は節義のみに生きるべきである」というくだりは土方という男を支える核の部分をよく表しているといえるだろう。

この後、土方は「新選組はこの先、どうなるのでしょう」という沖田の言葉に対し、「どうなる、とは漢の思案ではない。婦女子のいうことだ。おとことは、どうする、ということ以外に思案はないぞ」といい、新選組の最後の一人になるとも戦うことを誓い、次のように締めくくるのだ——「男の一生というものは」「美しさを作るためのものだ。自分の。そう信じている」と。

この台詞からいったい何人の新選組ファンが生まれたことだろうか。極端な言い方が許されるならば、この作品を通して男の生き方を学んだ——そんな感慨を持っている読者も多いのではあるまいか。

土方は先の和泉守兼定を抜くシーンで「刀は美人よりもうつくしい」といっているが、この作品では後半、彼と恋人の女流画家お雪との狂おしいまでの交情が描かれており、そのくだりでは、一種上質な恋愛小説を読んでいるような気にさせられる。そして物語のラストを締めくくるのもこのお雪のイメージなのである。

一方、『新選組血風録』は、『燃えよ剣』とほぼ同時期、昭和三十七年五月から三十八年十二月まで『小説中央公論』に連載された作品で、こちらは各隊士の銘々伝ともいうべき体裁となっており、全十五話。各篇の題名を挙げると「油小路の決闘」「芹沢鴨の暗殺」「長州の間者」「池田屋異聞」「鴨川銭取橋」「虎徹」「前髪の惣三郎」「胡沙笛を吹く武士」「三条磧乱刃」「海仙寺党異聞」「沖田総司の恋」「槍は宝蔵院流」「弥兵衛奮迅」「四斤山砲」「菊一文字」となる。必ずしも新選組の興亡史を時代順に追ったものではなく、土方歳三は、物語から一歩退き、しかしながら作中にまとめ役として機能する、といった体裁がとられている。

強いて歳三が主役であるものを挙げれば第二話の「芹沢鴨の暗殺」であり、この作品で、歳三ははじめから芹沢に対して良い感情を抱いていない。それがやがて新選組内部の水戸派の粛清につながるわけだが、前述の組織云々とからめていえば、次のくだりが面白い。すなわち、「近藤には、そなわった将器がある、と歳三は見ている。この男に天下をとらせることが、介添役の歳三にとっては他人にわからない楽しみであった」「もっとも、歳三を動かしているものは、ほかにもある。一つは芹沢そのものへの憎しみであった。もう一つは、――ひょっとするとこれが土方歳三を動かしている主なものなのかもしれなかったが、――近藤には将器があるようにかれには組織をつくる才能があった。むかし、三多摩の農村を歩いて剣術好きの若者を勧誘してきては近藤の道場に入れ、田舎剣法ながら天然理心流をその地ではやらせたのも、かれの功績であった。このおなじ情熱が、こんどは新選組という強靭な作品をつくることにかれのすべてを賭けさせていたのかもしれない」「それをはばむ者がいた。筆頭局長芹沢鴨である」と。

このように、土方の思想・行動は、常に断片的に作中に挿入されてくるから、土方の人間像全体を理解してから読む方が、その書かれざる部分にまで思いが及ぶ。従って読む順番としては『燃えよ剣』→『新選組血風録』の方が良いのではあるまいか。とまれ、この作品集では、虎徹贋刀説に材を得て、近藤が自分の刀を虎徹と信じて疑わないことによって不敗の強さを誇り、同時にそれが新選組神話成立の要因であるとする「虎徹」や、吉良邸打ち入りに加わらなかった赤穂不義士・奥野将監の血をひく探索方・山崎烝の屈折した心情を描く「池田屋異聞」、そして近藤、土方の兄的な善意が、結果的に沖田のはかない純愛に終止符を打ってしまう「沖田総司の恋」等が、全篇中の圧巻といえよう。

作品は皆、新選組の興亡を背景として、個人の人物的内面に迫った心理小説の体裁すら備え、ここに単なる人斬り集団としてとらえられていた隊士たちの面目は一新されたのである。男たちの生きざま、死にざまを描いた作者の感慨は、必ずや読者のそれと重なって隊士たちのイメージを屹立させずにはおかないだろう。

ファンが選んだ

土方歳三コミック&小説 102本「偏愛」レビュー

新選組コミックならなんでも来い！の今川（＝今）、しっとりじんわり見守り続ける浅野（＝浅）、トシさま愛しのあまりに超辛口の長屋（＝長）。

いずれも土方愛好歴20年以上の猛者（もさ）が選んだ「読んでソンのない」作品群。

歳三の登場頻度は「作中土方濃度」でチェックだ！

※作品タイトル部の作者名下（昭○等）の表記は、その作品が初めて単行本のかたちで紹介された年です。表紙写真では現在、最も入手しやすい書籍を紹介しています（価格は税抜き）。〈他～〉で同作品収録の他の書籍を紹介していますが、絶版・品切れ等の可能性もあることをあらかじめご了承ください。

いよッ！ 土方歳三名セリフ

おい、薬は買うのか。
買わねェのか！

——秋月こお『青春新撰組 BARAGAKI！』

新選組は大きく強くなるんだ。
幕府も勤皇野郎もこぞって
目をむくくらいにな
そうなってはじめて近藤さんの……
おれたちの誠が通せるようになる

——車田正美『あかね色の風』

おれも好きで薬なんか
売っているわけではない。
だが何をしたらよいのか
わからないのだ

——森村誠一『新選組』

江戸へ出る。
喧嘩師として生きる。
士道にあるまじき武士どもを斬る！

——大石けんいち／川崎のぼる『代表取締役 近藤勇』

もうバラガキ
じゃねェんだよ

——中場利一『バラガキ』

私も近藤サンも、いつもおまえの両側にいるさ。あるいは前と後ろにな。

おまえの吐く血がのどにつまるようなことがあったら吸い出してやる

——小池一夫／伊賀和洋『男弐』

オレはお前の死顔なんか見たくねえんだよ

——車田正美『あかね色の風』

あの法度はなあー、総司……
生きてるもののみに有効なの！
得体の知れないものには無効！

——影山 光『新選組 沖田総司外伝』

おれはいつでも
天にまもられてすすむ
とおく
おまえの声がきこえたら
おれも空にこたえよう
どこにいこうと
おれたちはいっしょだ

——木原敏江『天まであがれ！』

新選組副長が
参謀府に用がありと
すれば、
斬り込みにゆく
だけよ

——司馬遼太郎『燃えよ剣』

もし、蝦夷で敗けたら、
つぎは樺太に行きます。そこで戦います。
そこでも敗けたら、サンタンへ渡ります。
そして、そこで戦います

——童門冬二『新撰組が行く』

すまん、
もっと斬りたかった

——峰隆一郎『土方歳三』

道場剣法と
真剣のちがい教えてやらァ!!

——望月三起也『俺の新選組』

オレはあいつを愛しいと思っている。殺したいほどな

――つかこうへい『幕末純情伝』

ねえ。局長。いいでしょう局長

――筒井康隆『わが名はイサミ』

仏様ってなあいい肌してるなあ

――山科けいすけ『サカモト』

俺はこのうそ泣きで女3人イカせたことがある！

――きら『だんだら』

こういう男と
縁のできた
そなたが
哀れにおもう

――司馬遼太郎『燃えよ剣』

恋する男

NOVEL 1

「いい男ですから、一万石や二万石の大名のように見えました」元祖中の元祖でも、顔は役者のようだと記されています

■新選組始末記

子母澤 寛（昭3）

『新選組始末記 新選組三部作 改版』
中公文庫 781円
〈他『新選組始末記』（富士見書房）（講談社）（廣済堂出版）『子母沢寛全集1』（講談社）〉

主人公&歳三

新選組に関する書籍は山ほど出ていて、何から読むか、どの本を買うか、迷い悩まれるでしょうが、これだけは読んでおいてください。土方歳三を知るためというより、時代の雰囲気を知るために。

『新選組始末記』

厳密にいえば『新選組始末記』には2種類ある。3部作『新選組始末記』『新選組遺聞』『新選組物語』の一作としてと、それらを著者が合本・改訂した『新選組始末記』だ。どちらがお薦めかといえば両方、つまり4冊買うのが望ましいが、このページでは最も入手しやすい中公文庫版『三部作』を掲載しておく。

『新選組始末記』は昭和3年8月、万里閣書房からの刊行だが、その少し前に同社から出たのが『戊辰物語』。子母澤の「東京日日新聞」の連載をまとめたもので、近藤勇の娘婿・近藤勇五郎の談話や、篠原泰之進の息子・秦泰親への取材などが収録されている。こうした古老たちの「聞き書き」こそが、子母澤寛の新選組本の特徴といえる。

奇しくも同じ昭和3年に上梓された平尾道雄の『新撰組史』が史料をもとにしているのと対照的に、子母澤寛は新聞記者らしく、巷説や関係者のナマの声による新選組を世に問うた。

『新選組遺聞』

『始末記』に続き、昭和4年出版の第2作『新選組遺聞』でもふんだんに聞き書きが盛り込まれている。

圧巻は新選組の宿所であった壬生の八木為三郎老人の談話「壬生ばなし」である。為三郎老人への聞き取りは、昭和3年11月15日、壬生坊城通仏光寺の邸宅で行なわれ、その後は書簡でのやりとりなどを重ねたという。この時、為三郎は79歳。昭和6年5月に亡くなった。

また、原田左之助の未亡人・まさ女の談話を取り入れた「原田左之助」も収録（まさ女は昭和4年の取材時、神戸で暮らしていたが、昭和5年5月、84歳で亡くなった）。他にも古川清吉老人による「象山の倅（せがれ）」や、近藤勇五郎老人の思い出話「勇の屍を掘る」などの貴重な話が収められている。

『新選組物語』

先の2作がノンフィクション風に編まれているのに対して、この物語はまさにタイトルが示すように、逸話をもとにした「おはなし」、フィクションの様相である。

元は「野話聞書」というタイトルで雑誌『文藝春秋』に連載された作品をまとめて、春陽堂から昭和6年に出版されたものだ。

この第3作でも、新選組隊士の本当の最後の生き残りである稗田利八翁の思い出話が聞き書きとして収録されている。子母澤寛が稗田翁を訪ねたのは昭和3年、そしてその10年後、稗田利八は90歳で亡くなった。新選組に直接関わった人物、新選組をその目で見た人たちの話を聞き、これらの作品に残してくれた子母沢寛の業績は大きすぎるほどに大きい。

子母澤寛全集の『新選組始末記』

これらの3部作を子母澤自身が一冊にまとめ上げたものが、昭和37年、中央公論社発行の『子母沢寛全集第1巻　新選組始末記』である。巻末には多くの貴重な写真も加えられている。

「生き残りの老人のはなしは、疑わしいのもあったが、私は『歴史』というのでなく現実的な話そのものの面白さを成るべく聞きもらすまいと心掛けた」と子母澤寛はあとがきで述べている。

新選組を知るうえでの原典・決定版である。（長）

誠
作中土方濃度 40%

■タイトル上のマーク、形はカテゴリを、イラストは作品の主な内容を示しています
〈■＝小説・●＝コミック、土方歳三物語・新選組もの、群像劇・闘う土方・♥＝恋する土方〉

NOVEL 2

■色

あの女を知った俺は、幸せ者だった——。恋多き男が心底惚れた女

池波正太郎（昭36）

池波正太郎
上意討ち

『上意討ち』
新潮文庫　629円
〈他『完本池波正太郎大成24 時代小説短編1』（講談社）・『炎の武士』（角川書店）〉

主人公＆歳三

土方はお房という未亡人と出会い、心を奪われる。不思議な縁で再会を繰り返したふたりは、色事を楽しむだけという約束で逢瀬を重ねる。お互いの悩みや苦しみは決して見せないと誓ったものの……。

しなければ迷わぬ……けれど

——しれば迷い　しなければ迷わぬ恋の道

これは土方が詠んだ句であるが、その出来の良し悪しは別としても、万人が思い当たる、ある種の素直で純な心情を感じることができる。新選組の副長として陰謀の限りを尽くした男に隠された弱さと哀しみを、池波正太郎はこの短編であますところなく映し出す。

「もう何もかも、駄目になってしまったよ」

美男のうえに女好きな土方は、若い頃から女には不自由しなかったが、その好みは厳しく、本当に気に入った女としか付き合おうとはしなかった。池田屋事件を経て新選組が絶頂期を迎えていた頃、土方はお房という長州藩出入りの経師屋の未亡人と出会う。偶然の再会を数回繰り返した後、土方はお房に密会の提案をするのである。

約束の場所にやってきたお房は「お目にかかるときには、お互いの苦しみ哀しみは、きっと表には出さぬ約束しておくれやすな」と土方に告げる。お房には亡き夫が遺した家業と家族があり、土方には命を懸けた男の仕事があった。お房の申し出は土方にとっても願ったり叶ったりで、恋でもなければ、夫婦となる約束もない、ただ色事を楽しむためだけの

彼女との逢瀬を重ねることとなった。

　しかし時代の波に押し流される形で、ふたりの蜜月も終わりを告げる。新選組は伏見に移ることとなり、土方は最後の別れにと、島原の角屋にお房を呼び出す。正装し、杯を共にしながら、土方は江戸で買い求めた珊瑚（さんご）のかんざしをお房に渡す。その瞬間、まったく予期していなかった激情が彼をつき動かし、「もう何もかも、駄目になってしまったよ」とお房の襟に顔を埋めたのである。そんな土方にお房は「お約束がちがいます」と言葉を返し、背を向ける。その時の土方の絶望感、お房の哀しみは想像に難くない。実は物語の最後で、この時のお房の本当の心情が明かされるのだが、ここでは未読の方のために秘密にしておく。その結末がいい。さすが土方が恋した女性だということだけ付け加えておこう。

強い男の弱さ、哀しさを描く

　色事と割り切って始めたはずの関係が、それだけに終わらなくなる話は世に多い。悩みや苦しみは決して口にしないというお房との約束を、土方も初めはむしろ歓迎したはずだった。しかし己の意思に反しても人を斬り続けなければならなかった土方にとって、その約束ははたして幸せなものだったろうか。人間は弱いものである。他人の目からはどんなに強く見え、冷徹な衣をまとってはいても、弱音を吐きたい時はあり、誰かに支えてほしいと願うこともある。自分の苦しみを分かってほしい。相手の哀しみを取り去ってあげたい。土方とお房も幾度となくそう思ったに違いない。だがふたりはそれをしなかった。相手の重荷になることを恐れ、自らの苦悩に蓋（ふた）をし続けたのである。

　土方はお房との別れを経験し、人間としての深みと強さを増していった。数々の同志を失い、敗北を重ねても、彼の戦う姿勢は弱まることがなかった。お房に恋をし、その道に迷い、自分の弱さを知った土方は確実に強くなった。苦しみも哀しみも、すべては糧となり、人生を鮮やかに染める色になる。さすがは『鬼平犯科帳』『剣客商売』など、強い男たちの〝情〟の部分を描いて定評のある池波作品だ。（浅）

誠
作中土方濃度100％

■タイトル上のマーク、形はカテゴリを、イラストは作品の主な内容を示しています
〈■＝小説・●＝コミック、🏃＝土方歳三物語・👥＝新選組もの、群像劇・🗡＝闘う土方・❤＝恋する土方〉

NOVEL 3

「うぐいすや、はたきの音もつひ止める」あの顔で、この句。人間・土方を描ききった不朽の名作

■燃えよ剣

司馬遼太郎（昭37）

作家・司馬遼太郎がこの世に残した小説のうち何をベストワンに選ぶかは人それぞれである。新選組ファンであっても『竜馬がゆく』のほうが好きだ、という人もいるだろうが、やはり『燃えよ剣』を座右の書にしている人の数は無視できないくらいに多い。たかが小説。だが、そのたかが小説を読んだがために、人生を「新選組まっさかさま」に変えられた人を私は少なからず知っている。

——読まなければカタギでいられたかもしれない。そう思っているのは私だけではあるまい。若い頃の話だ。

惚れました。泣きました。

司馬遼太郎の創り上げた土方はやはり虚構であり、必ずしも現実の土方に近いものではない、と今では理解しているが、昔は『燃えよ剣』のイメージが強

『〃（全2巻）』新潮文庫　（上）667円、（下）629円〈他『〃（全2巻）』（文春文庫）＋（文藝春秋）〉

主人公＆歳三

主人公である。そして闘う男でもあり、新選組をいかに強力な集団にするかを日夜考えている副長・土方であり、こっそり恋だってしている、豪華大盛り土方歳三。

読まなければカタギだったものを

「私自身が亡くなることはゼロになることではありますけど、この世に私と関係のある命は生き続けます。ゼロはすなわちすべてであります」

平成8年2月12日、司馬遼太郎が亡くなった。「関係のある命」——。彼が作り上げた各作品も、そのひとつといえるだろう。

すぎて、小説のまんまの物言いをする土方や沖田が頭の中を闊歩していたものだった。

ちょいとキザで、夜這いに行く時もクールなトシ。そして喧嘩上手。「まるで喧嘩をするために地上に生まれてきたような男である」。

うう、司馬さんの書き方がまたそそられるんですわ。

文久2年、はしかとコレラが西国から東を席圏。この流行病が江戸の試衛館道場を潰し、幕末の世界に一種異様な集団を生み出した。はしかの病原菌が新選組の生みの親。そういう表現にも驚かされる。

多摩の喧嘩師は花の京にやってきても喧嘩師だった。土方は、日本中の武士はみな腰抜けだと思っている。だからこそ新選組は真の武士に仕立て上げるんだと睨みをきかす。士道に背く者は切腹。子供っぽいと山南は嘲笑するが、理想とは本来、子供っぽいものではないか、と土方は思う。

ああ、そうなんだ。目から鼻に抜けるような、生き抜くのに頭が働くような男なら、惚れはしない。

そして例の、趣味の俳句。最初にこの『燃えよ剣』で数句見た時は、腹の皮がよじれたものだ。

変わらない、命の限り。

「これは刀だ」。和泉守兼定を抜く。刀は人を斬る目的のためだけに作られた。目的は単純であるべきである。思想は単純であるべきである。男もまた然り。「男の一生というものは、美しさを作るためのものだ」。

周りでどんな政治の嵐が吹き荒れようと、何が起きようと、土方は変わらない。

自由にしてくれ、と近藤は去った。

沖田は微笑みながら、土方を見送った。

お雪は土方をその身に包み、燃えた。

男は独りになっても戦い続ける。喧嘩をし続ける。勝てるか勝てないか、勝敗は考えない。ただ、命のある限り戦う。

そして、死ぬ時には、屍を前に向けて死にたい、と思っている。

筆者の描く坂本龍馬もそうだった。

そんな男にあこがれる男がいる。今も。

そんな男に惚れる女がいる。今も。（長）

誠
作中土方濃度
100%

■タイトル上のマーク、形はカテゴリを、イラストは作品の主な内容を示しています
〈■＝小説・●＝コミック、土方歳三物語・新選組もの、群像劇・＝闘う土方・♥＝恋する土方〉

COMIC 1

これぞ少女マンガ！　これぞ美しい新選組！
他作品の追随を許さない新選組マンガの金字塔

●天まであがれ！

木原敏江（昭50）

木原敏江
天まであがれ！1

『〃（全2巻）』
秋田文庫　各562円

主人公&歳三

主人公は沖田総司。試衛館から上洛し、江戸へ帰って死ぬまでを描く。土方は常に沖田に兄のように接し、とても大切な人間として彼を扱う。少女たちの新選組ブームはここから始まったといっても過言ではない。

江戸の片隅の試衛館道場には道場主の近藤勇はじめ、土方歳三、井上源三郎、食客の原田左之助や永倉新八らが寄宿している。そのなかで「ぼうや」と呼ばれる見目（みめ）麗しい青年がひとり。のちに京洛でその天才的な剣を振るう沖田総司である。物語は、貧しいながらもけなげに生きるこより、会津のお姫様・蓉姫、こよりの実の兄であり勤王方の大物・風守らがからんで展開していく。少女マンガの構成要件である「美形・恋・死」をすべて盛り込み、美しく創られた作品である。

こんな美形、どこかにいないか？

とにかく、この土方は美形である。もう、絶え入るような美形である。おまけに曲がったことが大嫌いで、蓉姫と試合ってもわざと負けてやる、なんてことはできないのだ。身分があるからといって手加減をするのは土方の最も嫌うところである。蓉姫もそんな土方が新鮮で、京都で再会した時には、私がご案内しますと積極的にアプローチする。

男装して新選組に入隊までしてしまう蓉姫に引きずられ、沖田とほのかな恋を育てつつあったヒロイン・こよりも隊士となってしまった。好きな男のそばにずっといる……。そんな至福の時を、血なまぐさい幕末にあってこのふたりは味わうのだ。なんてうらやましい。
しかし、本作を乙女の不朽のバイブルたらしめているのはむしろ男同士の、限りなく愛情に似た友情を描いた点であろう。土方と沖田の「たとえほんとの兄弟でもこれほど心はつうじあうまい」と表現されている彼らの友情は永遠に清く、美しい。
ラスト近く、土方が北へ転戦するため、最後に沖田を見舞うシーンが泣かせどころだ。「ぼくだってまだ戦える、剣だってつかえる」と泣きながら叫ぶ沖田を土方は優しく抱きしめる。ふたりを上から見下ろす俯瞰図。ここは何度見ても、何年たっても泣ける場面だ。

木原マジックに泣け！

木原マンガの最大の特徴はモノローグの美しいことである。
『天まであがれ！』でも随所にちりばめられたモノローグが、至高の詩情を謳い上げているのだ。巻末モノローグを紹介しよう。
「あざやかに　燃えつきた青年たちよ
天たかく　きえぬことばで　ほりきざまれた
もう　とおい　100年より　むかしの
墓碑銘は　青春という」
泣けるなあ!!
ここには組織の鬼・土方はおらず、ただただ幕末にきらめいた若者としての土方がいて、それは乙女たちの心に確かに何かを刻み続けているのだ。
（今）

作中土方濃度 80%

では志士たち全員池田屋にあつまっているな

■タイトル上のマーク、形はカテゴリを、イラストは作品の主な内容を示しています
〈■＝小説・●＝コミック、人＝土方歳三物語・人人＝新選組もの、群像劇・／＝闘う土方・♥＝恋する土方〉

NOVEL 4

崩壊してゆく新選組をその肩にひとり背負い、生涯戦いをやめなかった男がいた

■土方歳三

大内美予子（昭49）

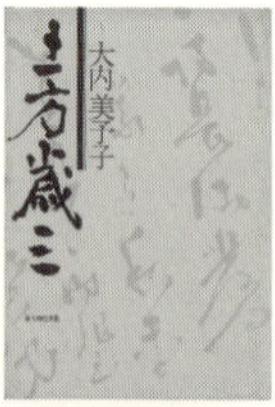
大内美予子
土方歳三

「〃」新人物往来社　１８００円

主人公&歳三

甲府戦以降の土方が主人公。新選組存続のために奔走するが、近藤を失い、死に場所を求めるかのように会津へと向かう。許嫁との再会を果たすも、彼は榎本武揚と行動を共にすることを選び、蝦夷の地へと旅立つ。

著者の言葉にもあるように、土方の生涯を見つめる時、盟友・近藤勇との別れの後のほうが、ひとりの男としての本領を発揮し始めたように見える。他の多くの書が土方を冷徹なる策士、参謀の器であって大将にはなり得なかったと評しているが、本作ではそうした見方から大きく外れた、彼のナイーブで心温かな気質を一人称の語り口で存分に描いている。

甲陽鎮撫隊以降、受難の時代を描く

近藤、土方らが甲陽鎮撫隊として参加した甲州での戦いに敗れ、流山に布陣した場面からこの物語は始まる。甲府城への道程は大名行列のごとき錯覚を近藤に持たせたが、土方は心の内に新選組が変質していく予感を抱いていた。途中で立ち寄った故郷の日野で、土方は許嫁だったおことの姿を垣間見る。ふたりの関係は、土方が浪士隊に加わったことにより自然と立ち消えになっていた。そのおことが今も独り身であることを知るよしもないまま土方は甲府城に向かうが、そこはすでに敵の手に落ちていた。

流山で近藤が官軍の手に下り、江戸に送られたことを知った土方は、近藤救出を勝海舟に掛け合うが相手にされず、個人の力ではどうすることもできない時代の流れを痛感する。近藤を失った新選組は会

津を目指す。宇都宮での負傷から病に倒れた土方の前に、将軍典医である松本良順がおことを伴って現れた。ほんの束の間ではあるが、おことと心安らぐ時を過ごす土方。しかしそこに沖田の死を知らせる姉・おのぶの手紙が届き、彼は再び戦場へ戻ることを決意する。

戦い続けることこそ生きる証

盟友を次々と失ったことにより、土方は新選組という殻を脱し、もっと大きくならねばと自分を叱咤する。「生きるために戦う」――松本医師の言葉を心のうちに何度も噛み締めた。そして軍艦で江戸を脱出してきた榎本武揚と行動を共にすることを決め、おことや松本と別れ、蝦夷の地へと旅立つ。そこが終焉の地になることは、むろん覚悟の上だった。榎本は土方に「蝦夷は命を捨てに行く所ではありません。新しい永住の地をつくり、家族を呼び寄せればいい」と語ったが、土方はそうした希望を持ってはいなかった。鳥羽伏見の戦以後、辛酸を嘗め続けてきた彼には、榎本の楽天的な戦略を鵜呑みにすることはとうていできなかったのだ。それならばなぜ彼は北へ向かったのか――。土方にとっては戦いを続けることこそ生きる証だったのではないか。戦いをやめることは、生きることをやめること。死は戦いを放棄した時にやってくるのだと、彼は信じていたのかもしれない。

箱館で土方は、江戸にいた頃の知り合いである伊庭八郎と再会する。彼は伊庭道場の後継者でありながら、試衛館にたびたび出入りしていた。

伊庭の「あそこはみんな自由で、羨ましかった」という言葉を聞いた時、剣を競い、笑い合って過ごした懐かしい日々が土方の胸に去来しただろうか。

もしも土方が浪士組に参加していなかったら、彼の生き様は変わっていたのだろうか。いや、遅かれ早かれ彼は今と同じ道をたどっていたに違いない。剣に生き、剣に散ることを望んだ土方が、銃弾で死ななければならなかったのも、抗えない時代の流れというものなのだろう。

（浅）

誠
作中土方濃度 100%

■タイトル上のマーク、形はカテゴリを、イラストは作品の主な内容を示しています
〈■＝小説・●＝コミック、＝土方歳三物語・＝新選組もの、群像劇・＝闘う土方・♥＝恋する土方〉

イッキ読み！コラム

文章で萌え！厳選「土方描写」

◆

文：今川美玖

幕末一のいい男（個人的にはそう思ってる）土方歳三を小説ではどんな風に表現しているのか、ちょっと探ってみた。

彼の人生を描き、ベスト・オブ・土方小説とも名高い司馬遼太郎の『燃えよ剣』、このなかでの土方はとにかく「眼が涼しい」男である。

「大きく二重の切れながの眼で、女たちからは『涼しい』とさわがれた」（『燃えよ剣』）

おまけに、

「背がたかい。肩はばが広く、腰がしなやかで、しかも腰を沈めるように歩く」（同書）

という人なんである。そりゃ女の子たちはキャーキャー言う。

大人になって二枚目なんだから、子供の頃だってさぞかし……と思われる。

「土方歳三は、ふっくらとした顔だちの美少年」（『近藤勇白書』池波正太郎）

「美少年」だぞ、「美少年」！　想像するだけでも楽しくなるではないか。この美少年が年頃になると、

「細身で色の白い、見栄えのよい男」（『新選組異聞火取虫』絹川亜希子）

になるわけだ。薬の行商をしていたし、江戸から多摩までしょっちゅう行ったり来たりしているので「色白」はないと思うが、色黒の土方ってのも考えにくい。ばっちりUVケアしていたのだと思っておこう。

おまけに、笹沢左保の『剣士燃え尽きて死す　人間・沖田総司』には、

「土方歳三は二十九歳で、新選組随一の美男子だっ

た」

とある。「随一」ですよ、「随一」。あんなに隊士がいるなかで一番！（コーフンしすぎですか？）

総じると、土方歳三という男、幼少のみぎりは美少年、大人になってもめちゃ美男、で各作品「異議ナシ」という結果なのだ。

おしゃれで無口でスタイリッシュ

そんな見てくれもさることながら、土方という人はとてもおしゃれだったらしい。史料には、防具の面紐（めんひも）を赤にして長く垂らしていたというエピソードが記されている。面紐なんてどうだっていいじゃん、ではないのだ。こういうところに凝る、というのが彼なりのおしゃれなんだな。

また、無駄口をきかない、というのも多くの小説家が好む土方である。

「仲間同士で酒を飲み、騒ぎ、唄い、笑いさざめいているときでも、土方だけは黙々として酒をふくみ、口もきかず、なにを考えているのかわからないといったところがある」（『幕末新選組』池波正太郎）

顔がきれいでおしゃれで無駄口をきかない。さらには、

「頭のいい人だよね、あれは。あたしも七十年ちかく生きて、御一新のこのかたは商いに精を出してきたけど、あれだけ頭の切れる人には会ったためしがない。日露戦争の旅順攻略のときだって、あたしゃまじめに考えたもの。もし総大将が乃木将軍じゃなくって、土方大将だったら、二百三高地も一晩で陥ちるんじゃないかってね」（『壬生義士伝』浅田次郎）

と隊士のひとりが言うくらいの切れ者なんである。

ある意味、いいところずくめ。

「あれはたしかに、ええ格好しいの男だったが、あそこまで格好つけられる男てえのは、まずいねえ。みてくれ同様、中味もまったく格好のいい男だったな」（同書）

すべてのイメージはこのセリフに凝縮されているような気がする。顔は確かに二枚目、態度がそれに伴って、懸命にやせ我慢しながら、「ええ格好しい」をする土方。現代にもいてほしい、こんな男。

COMIC 2

くすぶり続ける何かは、京に上れば探せるのか。「幻の4巻」はプレミア付きといわれる伝説のコミック

●あさぎ色の伝説

和田慎二（昭54）

花とゆめCOMICS
あさぎ色の伝説
風のまつり唄
和田慎二

『〃（全4巻）』
白泉社　絶版

主人公&歳三

主人公は沖田総司だが、土方もかなり重要な役どころ。地に足のついた、とでもいおうか、大げさにせず日々の流れが語られる。試衛館での生活、浪士組参加と京都時代の読み切り何本かで構成。

個人的なことであるが、私は雑誌に掲載された「あさぎ色の伝説・風車編」をリアルタイムで読んでいる（それもいちばん最初の掲載である『別冊マーガレット』だ！　作者急病のため思いもかけず短編だったが。のち『ＬａＬａ』の創刊号に改めて全編掲載された）。その時の鮮烈さは今でも覚えている。主人公の沖田も爽やかでよかったが、何よりも冷たい目をした美しい土方に魅了された。本作は「第一部・試衛館の鷹」が沖田の成長を語りつつ、試衛館メンバーの日常や、情熱を傾ける対象を模索する土方の苦悩を、「第二部・風のまつり唄」では上洛間際から会津藩お預かりになるまでを描き、他に読み切りの「風車」「水鏡」「菊一文字」「夢桜」を加えた構成。なかでも押さえておきたいのは「試衛館の鷹」の第4章である。

最も「土方歳三」らしい土方

やくざに追われていた、口のきけない少女を助けた土方。少女はなぜか土方の後を追い、結局、試衛館に住み込むことになる。が、それ以来、試衛館のメンバーはなんとなく落ち着かなくなる。原田左之助は長いことしまってあった槍を持ち出し磨き始めるし、永倉新八も何かをどこかに置き忘れたような夢をみてはボンヤリしている。当の土方自身も、埋（うずみ）

©和田慎二

とっとと出かけて新しい剣を調達してこい
そんな…今日は非番じゃありませんよ

火がくすぶっているようないらだちを感じる。実はこの少女は土方たちに何かを示唆する「魔」だったのだ。満たされぬ思いを再認識させられ、彼らは今までの平穏に流れる毎日に疑問を抱き始め、そこから上洛の気運が高まっていくのだ。

喧嘩を描くにも女の話にしても、とにかく話の作り方はうまいし、土方はじめ沖田、近藤のキャラクターがとても生き生きとしている。

醒めた眼で物事を見ているが、沖田にはからかわれっぱなしという土方は、今日ではある意味、新選組ものの定番の設定でもある。その元祖はこの作品であると言いきってもいいだろう。「俺たちは伝説を作るんだ。そのための不始末は俺がつける。悪人になるのは俺だけでいい」。土方はそう言って、新選組という最強集団を作り始める。これが彼の情熱の対象となったのだろう。この決意の後、土方のキャラクターはさらに息づいてきたように思える。

どうか続きを！　全新選組ファンの願い

『別冊マーガレット』『ＬａＬａ』『花ゆめＥＰＯ』と掲載誌が変わり、コミックスでは3巻の「風のまつり唄」から「菊一文字」掲載の4巻まで実に11年ものブランクがあった。おまけにファンの間で4巻は幻とさえいわれ、非常に入手しにくい。今、それからさらに10年以上の月日が流れた。

3巻の巻末には年表がついていて、そこに本編にはない池田屋での沖田や洋装の土方のイラストが掲載されている。これを見せられてから、おしまい、じゃあんまりですよ！　ぜひとも復活をお願いしたいものです。土方と沖田が仲良くなった「オケが転がる話」とか伏線はいっぱい張ってあるし、ああ、もっと読みたい!!　（今）

誠
作中土方濃度
70%

■タイトル上のマーク、形はカテゴリを、イラストは作品の主な内容を示しています
〈■＝小説・●＝コミック、土方歳三物語・新選組もの、群像劇・＝闘う土方・♥＝恋する土方〉

COMIC 3

きらめく風、淡い恋――。透明感あふれる沖田総司がとても哀しい

浅葱色の風　沖田総司

里中満智子（昭59）

主人公&歳三

主人公は沖田総司。沖田の子供時代から新選組を経て死ぬまでを綴る。土方は定番である沖田の兄貴分役。しかし、このふたりにはなんともいえない透明感がある。さすが巨匠・里中満智子。

『〃』
中公文庫　533円
〈他『〃』（里中満智子浪漫選書1）（翔泳社）〉

切ない……。このコミックの根底に流れるものは、この言葉に凝縮されてしまう。

沖田の幼少時代、友達だったおまつは両親をなくし、遠い親戚にもらわれていくことになった。時は移り、試衛館の一員となった沖田は近藤勇らと共に京都へ上り、新選組の一番隊隊長として活躍する。そんなある日、隊の宴会で会ったのが、今は遊女となったおまつであった。彼女を大事に思う沖田だが、彼の愛を同情と誤解したおまつは姿を消してしまう。

その後、沖田は池田屋で喀血（かっけつ）、寝たきりになる。時勢は新選組に追い打ちをかけ、戦に敗れた後、江戸へと帰還する彼ら。あんなに堅い絆で結ばれていた隊のメンバーも徐々に減り、沖田は江戸・千駄ヶ谷で療養生活を送ることになる。最期の日、あれだけ幸せにしてやりたかったおまつが訪ねて来、沖田は短い生涯を閉じる。美しく、そしてはかない一瞬のきらめきのような、そんな作品なのである。

おまえを文部大臣にしてやるよ

土方が「箱館へ向かう」と沖田に別れを告げるシーンがある。軍服が似合ってとても「大人」な土方だ。北へ向かう理由を、箱館にもうひとつ別の日本国を作るとし、そうしたら沖田を文部大臣にしてやるよ、と彼は優しく語る。子供の幸せを考える役目

だと聞かされた時の沖田の笑顔！　ここでボロボロに泣いてしまった。またさらに土方はこうも言う。「かなう……と信じるから夢をみることができるんだよ。あれもしたい、これもしたい……と願いながら死んでゆくのがいいんだよ」。

　これは死期の迫った沖田を諭しながら、土方が自身に言い聞かせた言葉だったのだろう。そしてまた、作者・里中氏の言葉でもあったかもしれない。このくだりを読んで宮沢賢治の「南ニ死ニサウナ人アレバ行ッテコハガラナクテモイ、トイヒ」を思い出すのは私だけだろうか。

　そう考えていくと、この土方は里中氏自身だったのではないかと思う。たとえマンガのなかでも沖田に寄り添ってやりたい、という筆者の優しい願望が土方の姿を借りて現れたのではないだろうか。

誰だって生まれる時代は選べない

　デビュー20周年記念として出版された本作のあとがきには、里中氏が当時、大病を患っていたと書いている。ああそれで、と思い当たるのは沖田のモノローグだ。多くの命、多くの人生を断ち切ってきた自分が健康を望むのは傲慢だろうか、といった独白がある。こんな、まさに血を吐くような本音は健康な人間には創作できない。

　透明感のある里中新選組の世界。沖田だけでなく、土方もそして周りの人すべてが、どこか美しいところに住んでいるような、切なくて泣ける作品である。ああ、沖田クン、看病してあげたかった！　（今）

ことごとく

誠
作中土方濃度60%

■タイトル上のマーク、形はカテゴリを、イラストは作品の主な内容を示しています
〈■＝小説・●＝コミック、＝土方歳三物語・＝新選組もの、群像劇・＝闘う土方・♥＝恋する土方〉

COMIC 4

平成の世に沖田総司ファン急増中！もちろん土方も江戸っ子っぽく活躍してます

●風光る

渡辺多恵子（平9）

渡辺多恵子
風光る

『〃（1～14）』フラワーコミックス　各390円

主人公&歳三

父と兄を浪士に殺され、仇討ちのため男装して新選組に入隊する少女・富永セイ。隊内で唯一、秘密を知り、陰になり日向になりセイをかばう沖田に恋をして……。土方はセイにとって「鬼副長」。

親の仇を討つためとはいえ、細い腕をした少女が新選組に入ろうというのはものすごい決心が要ることだったはずである。

ただひたすらに無念を晴らしたくて新選組に入隊した富永セイだったが、いざ仇を討ちおおせた後も隊に残る。それは沖田のそばにいたかったから。

女と見られなくてもいい、そばにいられるだけでいい、という思いから、池田屋、禁門の変までも一緒に駆け抜ける。野暮天の沖田はそんなセイの気持ちが分かっているんだかいないんだか、読むほうもじれったくなってしまう。

150ページからの対談でも分かるとおり、きちんとした時代考証と風俗考証、史料の読み込みの深さと作者のこだわりが随所に感じられる作品で、特にすごいと思ったのは、女の子が避けて通れぬ月経

ちなみに副長の土方さんも天然理心流の門人で…
もっともあの人のは土方歳三流を名乗ってもいいくらいの自己流ですけどね

「風光る」©渡辺多恵子／小学館フラワーコミックス

とお風呂問題。当然のことなのに、実際マンガで見たことはなかった。それをさらりと話のネタにしてしまうところがいい。

　ちなみにセイちゃん、生理の時は月3日の休みを使ってなじみの遊郭で過ごしていたが、今は囲ってる女性（!?）のトコへ行ってます。それをまた隊士にからかわれたり……。大変だね、セイちゃん。

つっぱって頑張ってるかわいい土方歳三

　本作でも土方はやっぱいい男なんだが、まだまだ新選組という組織を作るために懸命につっぱっているところがあるように思える。新たな波が来た時にはまず自分がそれを受け、衝撃を緩和してから近藤に報告するような、そんなイメージだ。

　また、ここでの土方には、よくある「鬼」という印象が少ない。確かにセイちゃんからは「鬼の副長」と言われているが、けっこう普通の人間で、近藤を長とする組織をどう維持するか、どう大きくするかに細かく心を配っている人なのである。セイちゃんは怖いモノ知らずで土方に生意気言ったりして、そのぶん怒鳴られたりもしているけれど、土方は決してセイちゃんが嫌いとかそういうんじゃない。小さな子供のような隊士であるセイちゃんが心配でならないのでは、と見えるのだ。沖田がセイちゃんをかまっているので、それが気になっている、かわいい副長なんである。

男、斎藤一よどこへゆく

　斎藤一がまたナイスなキャラだ。表面無口だけれど、心の中はセリフでいっぱい、特にセイちゃんにはビミョーな感情を抱いている。男に惚れてはいけない！と本人は今日も井戸端で水をかぶる。あんた、いい人だわ、斎藤さん。

　新選組マンガはどうも短めのものが多いので、連載7年目を迎えた本作にはまだまだこれからも頑張ってほしい。んで、早くセイちゃんと沖田がどうなるのか、教えて。


（今）

誠
作中土方濃度
50%

■タイトル上のマーク、形はカテゴリを、イラストは作品の主な内容を示しています
〈■＝小説・●＝コミック、🏃＝土方歳三物語・👥＝新選組もの、群像劇・🗡＝闘う土方・♥＝恋する土方〉

COMIC 5

美形ゾロゾロでオカルトテイスト。史実の織り込み方にストーリーの巧みさが光る

●無頼—BURAI—

岩崎陽子（平9）

無頼

『〃（全5巻）』あすかコミックス　各400円

主人公&歳三

主人公は斎藤一。なかなか試衛館一派と仲良くできない彼だったが、紆余曲折を経て打ち解け合う。土方は特に斎藤を買っている。オカルティックな事件がゾロゾロ、ビジュアル系の幹部もゾロゾロ。

舞台は江戸。ある夜、斎藤は白神教というカルト教団の争いに巻き込まれる。これを追っていたのが沖田と原田で、斎藤は有無を言わさず試衛館に連れていかれる。館の連中はお祭り好きのヤツらばっかりで、騒動があれば参加しなくちゃならないと考えている。そんな人間たちと一緒にいるのがなんとなく心地よくなってくる斎藤だった。

執拗な白神教の襲撃は、斎藤が教祖を殺害したことで収束するのだが、この教祖が実は徳川ゆかりの者だったのだ……！　斎藤は江戸にいられなくなり、京都を目指す。折しも京都には江戸から浪士組が来ており、斎藤が参加を願い出ようとすると、そこには沖田や原田が。斎藤も晴れて一派の仲間入りと相成る。

史実を踏まえた細部の厚み

第1回を読んで唸った。実は、斎藤一が江戸で旗本を斬ってしまい、仕方なく京都へ行ったという史実もあるのだ。新選組をある程度知っている人ならば、岩崎氏の歴史に対する造詣の深さに気づくだろう。他にも足利三代の木像の首が晒された事件、芹沢が見せ物小屋で虎に刀を突きつけた話、大坂で斎藤が腹痛を起こし、その流れで相撲取りと乱闘になる事件など、新選組の歴史を踏まえつつ、そこに自

分なりのストーリーを展開させて、オカルト風味に仕上げているのだ。これはすごい。ビジュアル系オカルトというだけでも興味が湧くのに、それまでの少女マンガでは触れていなかった細かい史実を随所に入れているのだ。も〜、未読の人、絶対に読むべし!!の作品なのだ。

ビジュアル系の土方。お願いだから続きを読ませて

とてもきれいな絵を描く著者なので、土方にも期待大だったが、それを裏切らない美しさ。おまけに言葉はキツイし（こういう土方はポイント高し）、ちょっとテレ屋。化け物退治に斎藤や原田を行かせるが、こっそりとお守りを買っておいちゃうお茶目さ。この土方に惚れない人がどこにいる！

それに加えて押しが強い。斎藤に副長の武士道とは?と聞かれると「武士道なんてのは行動と落とし前だ」と言いきってしまうのである。

土方は斎藤をわりあい評価しているのだが、当の斎藤は体よりも頭が先に立つタイプ。なんのかんのと理屈をつけなければ行動に移せなかった彼が、おもしろいことにはまず首を突っ込む試衛館流のやり方に感化され、やがて土方の武士道を見届けたいと考えるようになる。

表舞台に出るチャンス
土方歳三
それで充分だ

新選組船出の時期を描いているため、土方が大人なのに子供じみたところを見せる。本当に若い人だったんだなあと思わせる。

これからどんな風に成長するのかと楽しみにしていたら、本編は5巻で終わってしまうし、続編として出された『無頼・魔都覚醒』も2巻まで。さらなる続編求む！

（今）

誠
作中土方濃度
50%

■タイトル上のマーク、形はカテゴリを、イラストは作品の主な内容を示しています
〈■＝小説・●＝コミック、土方歳三物語・新選組もの、群像劇・＝闘う土方・♥＝恋する土方〉

COMIC 6

新撰組で身に付くのは鬼のなり方だけだ――。つっぱる男の分かりにくい優しさ

●新撰組異聞PEACE MAKER＋PEACE MAKER鐵（クロガネ）　黒乃奈々絵（平11）

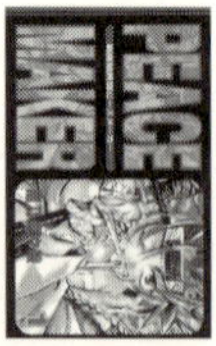
PEACE MAKER

PEACE MAKER
鐵
黒乃奈々絵

主人公＆歳三

主人公は市村鉄之助。15歳の彼は兄の辰之助が入隊した新撰組に自分も参加を希望、土方の一言で兄は会計方として、鉄之助は土方の小姓に採用されて働くことになる。副長と小姓の関係だが、実際は飼い主と子犬。

『新撰組異聞PEACE MAKER（全6巻）』ガンガンコミックス　各390円
『PEACE MAKER鐵（1～3）』マッグガーデン　各552円

とにかく市村鉄之助がかわいい。柴犬系のかわいさである。ストーリーは親を長州の浪士に殺された鉄之助が、仇をとろうと新撰組に入隊をするところから始まる。しかし彼はわずかに15歳、土方も自分付きの小姓としてしか雇えない。いわば元気だけが取り得の鉄之助、お茶も満足にいれられないし、監察方の邪魔になってしまったりと「やってくれちゃう」存在なのだ。そんな鉄之助でも、目の前で両親を殺され、自分は何もできなかったという記憶はずっと枷（かせ）になっている。そしてついに池田屋で、「あの眼」をした男と対峙することになる。あの、両親を殺（あや）めた男と。

自分で認めたくないほどの優しさ

この土方はものすっごくカッコいい。黒ずくめの衣装に長い黒髪をなびかせて、いつでもキセルをくわえている、粋でスタイリッシュな佇（たたず）まいだ。

作者は黒と白のコントラストの用い方がとてもうまい。おまけに眼に鬼気とした迫力があるのだ。漆黒のなかに浮かび上がる瞳なんかには時折ぞっとするほどで、人間を超えた何かを感じさせてくれる。

そんなふうに超人的に描かれるのが土方と長州の

吉田稔麿。ちなみにこのふたりともが、それぞれ少年をそばに置いている。吉田は北村鈴という、兄を新撰組に殺された少年。土方のほうは鉄之助である。

　土方は当初、鉄之助の入隊を許していなかった。が、その一途な思いに、結局は「総司に似ているから」という、あまのじゃくな認め方で入隊を許す。それでもやはり剣を握らせて実戦に出すのをはばかって、副長付の小姓ということにしたのだ。冷たいくせに優しい、鬼のようで菩薩、土方のこうした二面性が、たまらない魅力なのだ。

©黒乃奈々絵／マッグガーデン

どんどん男になる鉄之助

　史実では、市村鉄之助は慶応3年頃新撰組に入ったとされる。だから池田屋の時にはいないはずなのだが、そんなヤボは言いっこなし！　本作での池田屋事件にはどうしても鉄之助が必要だったのだから。鉄之助が成長するうえで経験すべきことがテンコモリになっていたのだ。史実と創作は、ある程度すり合っていけばいい。大事なのは、その作品にどれだけの作者の命が吹き込まれているか。この作品には、読み手に「本気」を起こさせるパワーがある！　それが大事！

　加えて、なんといっても〝漫才トリオ〟の永倉、原田、藤堂がかわいく、動きがすごくいい。第2部である『PEACE　MAKER鐵』も3巻まで刊行されており、今度アニメにもなる。長く長く続けてほしい作品だ。（今）

作中土方濃度40%

■タイトル上のマーク、形はカテゴリを、イラストは作品の主な内容を示しています
〈■＝小説・●＝コミック、＝土方歳三物語・＝新選組もの、群像劇・＝闘う土方・♥＝恋する土方〉

NOVEL 5

夢を抱かない男は、男じゃない。それが、ただの夢のかけらに過ぎなくても

■黒龍の柩

北方謙三（平14）

黒龍の柩
北方謙三

『黒龍の柩（全2巻）』
毎日新聞社　各1700円

主人公&歳三

土方を誰よりも理解していたのは山南敬助。死病に蝕まれ、先を悟った山南はその命を土方のために使おうとする。勝海舟や小栗忠順との出会いは、土方をどんな策謀に投げ込んだのか。

山南の「九尾の狐め」が聞きたかった

幕が開くとそこは三条小橋、池田屋の前。戦いも終わりかけ、土方は浪士をひとり投げ飛ばしただけ。史実でも、池田屋に斬り込んだのは近藤勇や沖田総司たちであり、土方の率いる隊は戦闘が始まってしばらくしてから到着している。

山南敬助はこれまで留守番をしていたといわれてきたが、「大坂で不逞浪士と斬り合い、傷を負って療養していた説」も最近出ており、この小説では、山科で静養していたことになっている。やがて、腹部の腫瘍が悪化し、死を悟った山南は新選組のために、土方のために、自分の身を犠牲にして分裂の危機から隊を守ろうとする。これまでの小説とはちょっと違った展開というか、趣向というか。子母澤寛の『新選組始末記』だと山南は切腹の時、土方を「九尾の狐」呼ばわりするくらいなのに。

まあ、山南ばかりが変わっているんじゃなくて、土方もスゴイ。勝海舟と会ったり、小栗忠順と会ったり、榎本武揚や坂本龍馬や村垣範正、いろんな人と逢って語り合ってますからね。それが後半の斬新な展開の伏線になっているのだが、とりあえず、上巻は、新選組の歴史に沿って進む。

下巻では鳥羽伏見の戦に敗れ、新選組は江戸へと

帰ってくる。秋霜の近藤、土方、沖田。沖田は新選組一番隊長としての死を願っている。近藤もまた、局長としての死にこだわっている。「男の夢はひとつ。それが潰えれば、ただ雄々しく滅びるのみ」。それが近藤の美学。

蝦夷に徳川慶喜を擁した新政府を

土方は生きて、戦い続ける。甲府への進軍、宇都宮城攻撃、会津での戦い。

だが、それらもすべて敵の目を欺くため。土方が戦の陰でやっていたことこそ本当の目的。それは、新国家の建設だ。徳川慶喜を王とする新政府を打ち立てること。

史実重視派の新選組ファンならば、ここで「うん?」と思うかも。護衛する相手が輪王寺宮とかだったら納得もする。でも徳川慶喜、それはない、と。

だが、本作での慶喜は前線で兵士を放って逃げた臆病者ではなく、後世の誹りをものともせずに「不戦」の意思を貫き通そうとする名君なのである。外国の侵略を防ぐためには内戦をしてはならない——天才・坂本龍馬の構想に沿って勝海舟が、慶喜が、土方が動くのだが、坂本が志半ばにして暗殺されたことで、彼らの未来に暗雲が立つ。

慶喜北行を阻止しようとする薩摩藩の間諜に、彼を護るお庭番との死闘が繰り広げられる展開は北方氏の真骨頂。土方も、史実に記録された戦場にはいるし、合間に慶喜の警護もやるし、と八面六臂の大活躍です。

夢のかけら

やがて徳川慶喜は薩摩に奪還され、蝦夷新国家の夢は潰える。

で、夢破れた土方は死ぬか、というと、これが生き延びるのだ。戦って不運にも死ぬことはあるかもしれない。だが、死ぬために戦うのではない、というポリシーの土方です。だから、当然、こんなところで戦死なんかしてたまるか、という土方です。

そうか、21世紀だから、こんな土方もアリか。大陸に渡って馬賊になって、と夢は広がっていくのでした。（長）

誠
作中土方濃度
90%

■タイトル上のマーク、形はカテゴリを、イラストは作品の主な内容を示しています
〈■＝小説・●＝コミック、＝土方歳三物語・＝新選組もの、群像劇・＝闘う土方・♥＝恋する土方〉

イッキ読み！コラム

鬼副長はシスコン？恋人はいつも「姉似」

◆

文：今川美玖

女が放っておかない男・土方歳三。実際、彼はすっごくモテたのである。

現存する土方の手紙には「あちこちの色街のお姉ちゃんにモテちゃって、仕事を忘れそうだ」なんて書いてある。それに17歳の時、奉公先を辞めさせられたのだって女性問題が原因だったのだ。おまけに、許嫁のお琴は、大成するまで待ってくれと言ったまま放ったらかし。そのくせ、自分の病弱な姪(めい)にはとても優しくて、京都から江戸へ来るたびに土産なんぞ買ってきてしまう……。冷たいかと見えて優しい、これは女のツボを衝く。

こんな土方歳三、はたして女性の好みについてはどう描かれているだろうか。

まず、どんな小説でも、土方は女性に不自由していない。けれども、どんなにいい女が寄ってきても、土方自身がその気にならなければ恋愛にならない、というシチュエーションがポピュラー。いやぁ贅沢だよなあ。

では恋愛になった場合、それはどんな相手とかといえば、司馬遼太郎の『燃えよ剣』では、お雪という元・武士の奥方だった女性。これが土方の姉・おのぶに似ているというのだ。萩尾農の『土方歳三散華』でも、おのぶに似たさちという女性が相手。この女性たちに土方は、鬼とは思えぬほど甘えたりするのである。

また広瀬仁紀の『土方歳三散華』では、おのぶに似た尼僧・恵林尼と出会い、淡い恋のような感情を憶える。相手は尼なので、なんという発展もないが、鬼副長がそれで心休まる時を過ごすという展開だ。

おまけに、ふだんは無口なくせに、そういう甘えられそうな女性を前にすると饒舌になる、というのもお約束らしい。

つまり、いつも激務に追われている副長を聖母のような心で包み込み、話を聞いてあげるようなお母さんみたいな女性がいいとされているのだ。シスコン＆マザコンなのか、土方！

まあ確かに、幼い頃に母親と別れた男性は、女性の中に母性を探すことが多いともいう。誰にも後ろ指さされないよう虚勢を張って生き抜く土方には、作家の側としても甘えさせてくれる女性を配したくなるのかもしれない。

魅入られた、哀しい女

異色なのは、北原亞以子の『降りしきる』だ。これは芹沢鴨暗殺を取り上げた短編だが、土方は芹沢の女であるお梅が気になる。しかし人の女であるし、会っても顔を背けている。お梅のほうもなんとなく心に引っかかるものがあるのだが、自分の気持ちを素直に認められないでいる。結局、お梅は土方の「帰れ」という言葉を無視したため、芹沢ともども暗殺されることになるのだが、土方の腕の中で死んでいくお梅は、

「土方はんがうちのこと斬らはったら、うちのことを、いつまでも覚えててくれはるやろ。ほんまは斬りとうなかったと、泣いてくれはるやろ」

と、祈りに似た思いをいだくのだ。

なんという女の切なさだろう。土方はこんなに女を哀しくさせる男なのだ。

その証拠に、というか、それもそのはず、というか、21世紀の現代に至るまで、土方歳三に惑わされ、この男のために人生誤った、という女性ファンは数知れない。「ええいもう、土方のためなら、お母さんだってお姉さんだって、何にだってなっちゃうよ」、この心意気である。

いつもはつっぱっているけれど、私の前だけではとっても優しくて、ちょっと甘えてるの……。世の男性よ、こういう人を私たちは待っているのだ。

NOVEL 6

剣風吹きすさぶ京の都。時代の奔流はすべてを押し流そうと

■新撰組　白井喬二（大14）

『〃』（全2巻）講談社大衆文学館　絶版〈他『大衆文学大系9・白井喬二・直木三十五集』（講談社）〉

主人公&歳三

主人公は但馬流独楽(こま)師・織之助。異人に差し出される美女を救うべく、彼は金門流名人・紋兵衛に勝負を挑む。幕末の激流にもまれながら、彼は独楽師として、男として成長していく。

『新撰組』というタイトルであるが、近藤や土方の名はほんの数カ所しか出てこない。安政5年から池田屋事件に至る6年間を背景に、独楽(こま)職人たちの意地と名誉を懸けた大勝負と、ひとりの女性をめぐる彼らの恋心を描いた大正期の作品である。土方の姿が垣間見られるのは、壬生の屯所から西本願寺に移るために彼が仕掛けた大砲訓練のシーンくらいで、土方ファンとしては拍子抜けするかもしれない。しかし、独楽勝負を通して次第に成長していく若者たちの青春群像劇としては楽しめる。（浅）

作中土方濃度 10%

NOVEL 7

近藤と枕を並べて寝るのが夢だった？主人公

■新選組　村上元三（昭27）

『〃』（全3巻）学陽書房　各880円〈他『〃』（全3巻）（富士見書房）＋（新潮社）・『〃』（全2巻）（東京文芸社）〉

主人公&歳三

旗本の妾腹の子、秋葉守之助は老中の依頼により新選組に加わるが、次第に近藤勇の人柄に魅かれ、新選組と運命を共にする。だが、土方は秋葉に静かな敵意を燃やしていた。

主人公の周りには彼を慕う女がいっぱい。元・許嫁の娘に謎の曲芸師、祇園の芸妓。そして男もいっぱい。隠密坊主の一禅、桂小五郎、秋葉を仇と狙う能勢一族。さらに新選組の芹沢、沖田、武田に伊東にと登場人物は曼荼羅(まんだら)のように配置され、からみ合う。秋葉の目は冷静に新選組の行く末を見る。近藤に戦いをやめるよう諫言(かんげん)もするが、時勢は止めようもなかった。箱館で銃弾を受けた土方の魂を秋葉が抱きとめた。新選組の最期を看取(みと)った後、秋葉は新時代に生きる。（長）

作中土方濃度 70%

親の仇を討つために新選組に入った少年の運命は？もっと、その先が読みたかった

COMIC 7

新選組

手塚治虫（昭38）

『手塚治虫名作集11 新選組』集英社文庫 562円
〈他『〃』（ホーム社）・『新選組（手塚治虫漫画全集11）』（講談社）・『新選組』（虫プロ商事）〉

主人公＆歳三

主人公は深草丘十郎という架空隊士。親の仇を討つために新選組に入隊する。鎌切大作は親友となるが、実は鎌切は長州の間者であった。友人を斬るむなしさに、深草は新選組脱隊を決意する。

巨匠・手塚治虫の新選組。近藤が人格者で、土方は月代髷（さかやきまげ）のとんでもなくいやーなヤツに描かれている。この作品の発表は昭和38年、仕方ないか。でも目がパッチリでまつげバサバサだから、やっぱり二枚目には変わりない。

架空隊士の話なので当然、土方の出番は少ない。だが、昭和52年に出版された講談社版『新選組』のあとがきには、最初の構想では近藤処刑から五稜郭まで描き続けたかったとある。そうなれば土方だってもっと出番があったはず。手塚先生、どーして途中でやめてしまったのっ！と叫びたくなってしまう。

坂本龍馬の口添えで、ラストでアメリカに渡ることになる深草丘十郎。これが五稜郭の土方と関わるような話になっていたんじゃないかな、と思っても……むなしいなあ。（今）

©手塚治虫／集英社コミック文庫

親友を…
か 鎌切大作をですか
そうだ

作中土方濃度 10％

■タイトル上のマーク、形はカテゴリを、イラストは作品の主な内容を示しています
〈■＝小説・●＝コミック、＝土方歳三物語・＝新選組もの、群像劇・＝闘う土方・♥＝恋する土方〉

NOVEL 8

『燃えよ剣』と並ぶ司馬新選組の到達点。知られざる隊士たちの生き様、死に様を描く

■新選組血風録

司馬遼太郎（昭39）

新選組血風録
司馬遼太郎

『〃』
中公文庫　933円
〈他『〃』（角川文庫）＋（講談社）〉

主人公&歳三

有名無名の隊士たちを主人公に据えた短編集だが、全15話中、近藤、沖田が主人公の短編はあっても土方のそれはない。『燃えよ剣』の余話という位置付けか。

現在流通している近藤、土方、沖田のキャラクターは彼が作り出したともいわれるほど、司馬遼太郎は新選組を世に広く知らしめた。なかでも記念碑的作品である本作は、あまり有名でない隊士も多く取り上げていて、何度かドラマ化や映画化もされている。

土方が最も活躍、というより暗躍するのは「芹沢鴨の暗殺」。近藤を祭り上げ、新選組という一組織を強固なものにするために、手段を選ばず突き進む土方の姿が描かれる。自らの手にかけた芹沢の葬儀を土方は盛大に執り行なう。その席に芹沢と共に殺された情婦・お梅の亭主が、商魂逞しく香典を持って参列しているのを見つけ、世の中には得体の知れぬ人間もいるものだと思う。そして同時に、自分たちも得体が知れないという点では同じであると感じるのである。相手の人間性を見極める感性と、自らに対する深い洞察。そのふたつが兼ね備わっていたからこそ、土方はただの人斬りで終わらず、新選組副長としての人望を獲得できたのだろう。

著者は人間というものの不思議さ、滑稽さ、温かさを様々な隊士の生き方を通して我々に提示する。時代背景を多少なりとも知らないと入りにくい点があり、新選組入門の書とは言い難いが、話ごとに味わいが異なり、短編集とは思えないほど読みごたえがある。

（浅）

誠

作中土方濃度
10%

NOVEL 9

新選組の陰と陽・土方と永倉。しかし誠の旗の下ではひとつとなって

■幕末新選組

池波正太郎（昭39）

『〃』
文春文庫　543円
〈他『完本池波正太郎大成1』（講談社）・『幕末新選組』（雄鶏社）＋（東京文芸社）〉

主人公&歳三

主人公は永倉新八。定府取次役の息子であった彼は剣で身を立てようと家出し、試衛館に出入りするようになる。率直で淡泊な新八は土方とは正反対の性格だったが、やがてお互いの力を認め合う。

新選組結成時からの同志でありながら、明治維新後も生き残り、生涯を全うした永倉を、著者は隊士のなかで最も好んだという。永倉の気取らない自由闊達さに対して、土方は策を巡らし、局中法度に背く者は容赦なく死に追い込む非情の剣客として描かれる。ふたりはしばしば意見の対立を見るのだが、自分の価値観を人に押しつけることを好まない永倉は、土方の方針を快く思わないながらも、剣一本で新選組での地位を不動のものにしていく。

終盤、甲陽鎮撫隊として向かった甲府での戦いに敗れ、永倉と原田左之助は近藤と袂を分かつことを決意する。永倉は近藤に「われわれは、あなたの家来ではない、同志です」と言い、「土方さんは、どうお考えか?」と彼に尋ねる。土方はうめくような声を発したきり、答えようとはしない。が、一同が席を立った後で永倉を呼びとめ、金包みを握らせる。「俺と近藤さんは兄弟も同じだ。俺だけはついて行ってやりたい」と告げる土方に、「分かっています」と永倉は答える。

試衛館以来の仲間である永倉との別れは、土方にとってもどれほど辛かったことだろう。性格の違いや意見の衝突を乗り越えながら、命を懸けて共に戦ってきたふたりの真情が切々と伝わってくる。こうした場面をさりげなく配するところに池波正太郎の真骨頂がある。（浅）

誠
作中土方濃度 20%

■タイトル上のマーク、形はカテゴリを、イラストは作品の主な内容を示しています
〈■＝小説・●＝コミック、＝土方歳三物語・＝新選組もの、群像劇・＝闘う土方・❤＝恋する土方〉

NOVEL 10

新選組には近藤しかいないのかも

鞍馬天狗　鞍馬の火祭り　大佛次郎（昭19）

「〃」徳間文庫　品切れ

NOW SEARCHING

映画の鞍馬天狗といえば嵐寛寿郎。TVでは竹脇無我に草刈正雄。新選組の認知度に比例して土方も堂々と顔が出るようになった。でも小説のほうでは、大正10年から昭和40年にかけて47作もあるのに、土方は名前さえめったに出てこない。大佛（おさらぎ）さんは土方嫌い？（長）

誠　作中土方濃度 10%

NOVEL 11

心を悩ます者は斬ります

ぐでん流剣士　新選組・藤堂平助　風巻絃一（昭46）

「〃」春陽堂文庫　品切れ

四六時中新選組のことを考え、それ以外のものには心奪われぬことを誇りとしている土方。背く者は斬るとの掟に従い、山南敬助を切腹に追い込むくだりはあまりにも残酷な描かれ方で、土方ファンとしては納得がいかないかもしれない。（浅）

誠　作中土方濃度 40%

NOVEL 12

「近藤は土方のこの眼に弱い」。どんな眼なんだ！

わが名はイサミ　筒井康隆（昭46）

時代小説
自選短篇集
筒井康隆

『時代小説　自選短篇集』中央公論新社　絶版
〈他『筒井康隆全集10』（新潮社）・『日本列島七曲り』（徳間書店）など〉

主人公＆歳三

甲陽鎮撫隊の道中は酒池肉林。近藤はモテるがイサミとは呼んでもらえない。「そんならお前は、ヒジカタと呼ばれるのと、ドカタと呼ばれるのとどちらが嬉しいか」。

「近藤はバカである。百姓出であるからにはバカに違いない。得意の絶頂にある時も人間バカになる」と筒井先生は書いておられます。まあ贔屓目（ひいきめ）に見ても甲府城に向かう時の近藤勇はお調子者。あっちで酒盛り、こっちで乱交パーティー、そっちでおだてられ、宿場宿場で楽しくやって……、ああ、甲府は遠い。でもおだてるのはよいけれど、近藤イ・サ・ミと呼んでね。ついでに「ドカタサイゾウ」って読むのもやめてよね。（長）

誠　作中土方濃度 30%

特別
描きおろし

私の土方歳三

〈里中満智子〉

優しそうに描こうと
思ったのに…ついつい恐そうに…
No.1は象徴。組織のためにはNo.2は
憎まれ役を引き受けなくては…
使命感あふれるナルシストには結構はまり役かも。
死因は後ろから味方にうたれたという説もあり、
結局、時代に利用された情熱の哀しさを背負った
人生だったのでしょう。

Satonaka Machiko

1948年、大阪生まれ。『アリエスの乙女たち』『あすなろ坂』などヒット作多数。『浅葱色の風』では沖田総司の後半生を情感豊かに描き話題に。『万葉集』に想を得た『天上の虹』は20年近くかけてのライフワークとなっている。

NOVEL 13

沖田から見た彼は兄のごとく優しかった

■ 沖田総司哀歌　森 満喜子（昭47）

沖田総司哀歌
森満喜子

『〃』新人物往来社　2000円

主人公&歳三

沖田総司は少年時代から天才剣士と呼ばれていたが、いつも快活で誰に対しても真摯であった。土方は彼を弟のように愛し、病に倒れた後は、他の誰よりも心を砕いた。

冷酷非道のイメージが強い土方も沖田に対しては兄のように優しかったという。本書所収の短編「うなぎ」では、ミミズを見ると気絶する隊士が登場する。沖田の計らいでいちどは除名を猶予されたものの、再び倒れた彼は切腹を覚悟し、刃を我が身に突きつける。その姿を見た土方は「男の本分は武士に限ったことではない。君は家業のうなぎ屋で身を立てろ」と餞別金（せんべつ）を渡すのである。局中法度を押し立て、隊士たちを粛清してきた鬼の姿はそこにはない。（浅）

作中土方濃度 20%

COMIC 8

三馬鹿なんですよ

● いやだなあ沖田君　山上たつひこ（昭49）

NOW SEARCHING

『恥ずかし探検隊』アクションコミックス　絶版
〈他『山上たつひこの笑殺爆弾』（ペップ出版）〉

あの山上たつひこの新選組だけあって、隙のないギャグ満載。コミカルなご面相もそれなりなのだが、なぜかここでの土方の顔には納得してしまう。つまりは土方のイメージというもの、ある程度記号化されているということなのだろう。（今）

作中土方濃度 40%

NOVEL 14

尊攘派浪士を血祭りにあげよ

■ 剣士燃え尽きて死す　人間・沖田総司　笹沢左保（昭50）

笹沢左保
剣士燃え尽きて死す

『〃』新潮文庫　品切れ
〈他『〃』（廣済堂出版）〉

近藤や土方の命令のままに人を斬り続けた沖田総司。しかしその胸中には常に空しさと絶望が渦巻いていた。総司が心を通わせた宮川亀太郎をも斬れと命じる土方は冷酷非道、成り上がりの権力者として描かれている。（浅）

作中土方濃度 30%

NOVEL 15

沖田の恋人には冷たい土方であった

■ **沖田総司 六月は真紅の薔薇** 三好 徹（昭50）

三好徹
沖田総司
上
六月は真紅の薔薇

『〃（全2巻）』学研M文庫　各657円
〈他『〃（全2巻）』（学陽書房）＋（徳間文庫）・『六月は真紅の薔薇　小説・沖田総司（全2巻）』（講談社文庫）＋（講談社）〉

主人公&歳三

沖田総司が血を吐き、病に倒れた後も、土方は固執した。新選組の一番隊組長は沖田総司でなければならぬ、生きている限りは、と。そういう土方の真意は？

20歳の沖田総司は広い世界に出て、自分の力を試したいと思っていた。上洛した沖田が会ったふたりの女性。吉野太夫は「命をお燃やしなされませ」と言い、運命の人・おあいは労咳（ろうがい）を病んでいた。土方が諫（いさ）めても、沖田は恋に命を燃やす。おあいに与えた鉢植えの薔薇の、真紅の花びらに似た血模様が彼の口元から零（こぼ）れた6月5日の夜。そして土方も新選組に最後の花を咲かせようとする。（長）

作中土方濃度 80%

COMIC 9

冷徹さは己のため、組織のため。そして沖田を育てるために

● **沖田総司** 石川 賢（画）・辻 真先（作）（昭51）

SUN COMICS
沖田総司

『〃』朝日ソノラマ　品切れ

主人公&歳三

沖田総司が主人公。人を斬り、そして死という恐怖にいかに剣で立ち向かうかを苦悩し、最後には何も斬らぬ強さを知ってゆく。土方はそんな沖田をじっと見守る。

子供の頃に出会った貧しい姉弟に、剣の力ではない「本当の強さ」を教えられた沖田。勇気とは何か、強さとは何かと自問しながら、今日も剣を振るう。そんな沖田を弟のように思い、男として最後の死に場所を作ってやりたいと願う土方の、登場シーンは少ない。が、優しさはじんわりと伝わる。（今）

わたしの調べたところによると当夜あつまる者は肥後の豪傑宮部鼎蔵
松田重助……

作中土方濃度 10%

■タイトル上のマーク、形はカテゴリを、イラストは作品の主な内容を示しています
〈■＝小説・●＝コミック、＝土方歳三物語・＝新選組もの、群像劇・＝闘う土方・♥＝恋する土方〉

COMIC 10

池田屋で結婚しましょう！

恋よ剣　弓月 光（昭52）

ボクの初体験
弓月 光

『ボクの初体験3』
マーガレットコミックス　絶版

作中土方濃度 10％

沖田が主人公のラブコメディ。西洋かぶれの女の子と沖田が成り行きで結婚することになるのだが、その式場が池田屋。浪士を捕縛するおとりとして土方が画策した計画だ。脇役なのにやはり悪巧み担当。タイトルは『燃えよ剣』のパクリとか。（今）

COMIC 11

ニューリイ・セレクテッド・ポリス（新選組）

マンハッタンの黒船　諸星大二郎（昭54）

徐福伝説
諸星大二郎

『徐福伝説』
ジャンプスーパーコミックス　絶版

作中土方濃度 10％

アメリカが鎖国をしており、日本が開国を求めてやってくるという設定での物語。人物の名前が秀逸で、土方がヒッティ・カッター、近藤がサミー・コンドックなのだ。基本的に時代設定は幕末なので、ドンマイ・ダンス（ええじゃないか）も出てくる。（今）

COMIC 12

死神と呼ばれたこともあった。だから最期は達観できる

ほのかたらひし　真崎 守（昭53）

真崎守選集1
男たちのバラード

『真崎守選集1　男たちのバラード』
ブロンズ社　絶版

主人公＆歳三

幕末連作ものの一本。戊辰戦争での土方が主人公。かつて土方が殺した男の妻が、彼を仇と狙って蝦夷地まで来るが、結局、土方の最期の日までそれを言い出せず、死地への見送りをすることになる。大人の短く静かな恋愛。

鳥羽伏見の戦以後の、土方歳三最晩年の物語。本作の土方はいつでも寂しげな微笑を絶やさず、人生の結末を楽しもうとするかのような趣さえある。時折、池田屋事件や鳥羽伏見の戦がフラッシュバックする構成に、読み手も彼により深く感情移入できるのではないだろうか。「夢の味は格別」……土方が出撃前に女に残したセリフである。（今）

しかも
いま一度斬り込みを決行するという事は
自決行為だろ！
見えぬところでまる見え
なのさ

作中土方濃度 100％

NOVEL 16

鬼とささやかれても局中法度は守る。——が、その裏に秘められた苦悩を誰も知らない

■土方歳三散華

広瀬仁紀（昭53）

「時代★歴史」傑作シリーズ
広瀬仁紀
土方歳三散華

『〃』小学館文庫　533円
〈他『〃』（富士見書房）＋（新人物往来社）〉

主人公&歳三

主人公は土方歳三。新選組隊士たちからは鬼副長と畏れられている。池田屋に斬り込んだ翌日から物語は始まり、伊東甲子太郎の暗殺に至るまでの、京都での日々を中心に描かれている。

新選組の土方いうたら、ありゃ鬼やな……京の町人たちにそう噂された土方。隊の旗を京で揺るぎのないものにするため、無用の情を捨て、近藤を支えることのみに徹する。その彼も人の子である以上、殺生を重ねる苦悩は避けようもなかった。

死者の供養を隠れて行なおうと思い立った土方は、姉・お信に似た宝鏡寺の恵林尼と出会う。京の嫌われ者である新選組の副長だと明かすことをためらった彼は、小田原藩士・内藤隼人と偽名を使い、短いが心休まる語らいの時を過ごす。「むだに死に急ぐこともありませぬぞ。どうかお命をいとしんでくだされ」。別れ際、そう言葉をかけてくる恵林尼の姿に姉の面影が重なり、土方は思わず涙する。

忠実な間者であった山崎烝への心配り、病の床に臥した沖田への気遣い、将軍典医・松本良順との別れに見せた涙等、土方の内には熱い血潮が確実に流れていた。

最後の出撃の時、土方は新選組旧隊士の大半をその陣から外すが、島田魁はその処遇に激怒し、勝手に土方の後ろに列を作って出陣した。

俺は新選組で隊士を殺しすぎたからな、と土方は今は亡き近藤にささやく。これ以上に連中を殺す気分にはどうしてもなれねえのだ。

そうしてただひとり、彼は敵陣に斬り込んでいったのである。

（浅）

誠
作中土方濃度100%

■タイトル上のマーク、形はカテゴリを、イラストは作品の主な内容を示しています
〈■＝小説・●＝コミック、＝土方歳三物語・＝新選組もの、群像劇・＝闘う土方・❤＝恋する土方〉

イッキ読み！コラム

コミック界に本格的「新選組ブーム」到来！

◆

文：今川美玖

新選組ブーム、というものがある。何年かにいちど、わーっと盛り上がっては1～2年で収束する現象で、ものすごく一般的に認知度が高い動きかといえばそうでもなく、たとえばコミックで連載が始まるとしても1、2本というささやかなものだ。だから03年春からのこの数カ月に発表された新選組コミックの読み切りや連載開始の多さを見ると、史上初、最大の新選組ブームが来たように思える。大河ドラマへの便乗企画と皮肉に取る向きもあろうが、近況お知らせ欄でマンガ家が「以前から新選組を描きたかった」などとコメントしているのを見ると、素直にすごくうれしい！ あんまりたくさんあると、探して買うのもひと苦労だけどね。

最近の読み切りコミックで「見逃さなくてよかった～」と心の底から思った新選組ものが、菅野文『碧に還る』（『別冊花とゆめ』7月号）だ。これは主人公が新選組隊士の野村利三郎で、京都時代から彼が戦死するまでが描かれている。土方歳三に最期までついていく野村の生き方がとてもいい。忠実でも、この野村という人物はめちゃカッコよくて、宮古湾海戦の時に敵艦に乗り移って華々しく散る人なのだ。絵もすごくきれいで、土方、近藤、相馬主計（かずえ）に至るまで美形でストイックでいいんだ～。同じ作者で他の新選組ものも読みたいと思っていたら、『花とゆめ』18号で土方と沖田ものの読み切り『凍鉄の花』が掲載された！ うれしい！

もっと描いてね。ついていくから

同じく読み切りで土方の恋を描いたのは真崎春望

の『新撰組異聞 花燃ゆるとも』(『ミステリーボニータ』7月号)。以前から真崎氏の『安倍晴明』を読んでいて、「晴明みたいなイメージで土方描かないかな〜」と密かに願っていたのがついにかなった。公家のお姫様・鷺宮房子との恋物語。きれいな土方がお姫様の和歌の意味が分からずに悩むところがかわいい。このふたりはプラトニックなままで別れてしまうのだが、そんな透明感のある話が真崎氏の絵にとても合っていた。連載、しないんですか〜?

連載といえば、赤名修の『ダンダラ』が『アフタヌーン』8月号より始まった。絵に凄みがあって、キャラクターがいきいきとしている。たぶん沖田が主人公となっていくのだろうが、この沖田が美しくて、惚れる。他にも整った顔の近藤(こういう若い感じで描かれることってあんまりなかったよな)、男っぽい芹沢鴨。先が楽しみなマンガだ。でも土方の出番がまだ少ないのが、ちょっと哀しい。

同じく青少年誌で連載が始まったのが盛田賢司『月明星稀〜さよなら新選組〜』(『週刊ヤングサンデー』)。これは土方が主人公だ。この作者は以前『ビッグコミックスピリッツ』で剣道マンガを連載していた時、その扉絵で主人公たちに、近藤が着ていたドクロ刺繍の入った稽古着を着せていたりしたので、もしかすると新選組好き?とは思っていたのだ。本作の土方はなんと沖田よりも顔がかわいい。沖田のほうがインケンそうな顔立ちというのはちょっと不思議。が、やっぱり力入れて描いてるなあ、と随所で感心できる。

そして、『コミックフラッパー』で連載中なのが、『THE EDGE 新選組』。原作は工藤かずや、絵がSHINYAだ。無名隊士の話に沖田・土方、それに会津藩の思惑がからんできて、展開が予想できないおもしろさがある。早くまとめて読みたい〜。

今回のブームでは、まだまだ新選組マンガは増えそうだ。マンガ家の皆さんには「自分の新選組はこれだ」というものを長く、そしてたくさん世に発表していってほしい。ファンとしても、頑張って追いかけますから!

COMIC 13

富と名声をとるか、家族との暮らしをとるか、″星″は無数にあったが……

●劇画近藤勇―星をつかみそこねる男

水木しげる（昭53）

「〃」ちくま文庫　1050円
〈他『新選組風雲録』（新人物往来社）〉

主人公&歳三

近藤勇の一代記。多摩の農民のせがれから、天然理心流・近藤周助の養子となり、のち新選組の局長として活躍する近藤。そのそばにはいつもなじみの土方がいた。

水木氏独特の、淡々としたテンポで話は進んでいく。土方が多く登場するのは、多摩で近藤の幼なじみだった頃だ。奉公先で女性問題を起こして家へ戻ってきてしまう土方は近藤に「歳さんはスケベですからなあ」と言われる始末。全編を通して近藤が主役なので、土方が活躍するのは古高俊太郎拷問のシーンくらいだが、これ、とても冷めた感じに描かれているので、あまり目立たない。

本作の圧巻は、近藤の処刑以後を描いた数ページだ。斬首となった近藤の首は晒（さら）され、体はすぐに埋められてしまう。それを門弟や縁者が、こんなところには埋めておかれぬと掘り起こしに行く。体が土の中から出ると、「残念だったろう」と泣きながら皆で故郷に連れ帰るのだ。雨の中、近藤を運ぶリアルさに悔しさと悲しみがこみ上げてくる。（今）

手柄の分け前に預かろうとするハイエナのようなものである
あなた方は我々の討ちもらしたものを　外で片付けてください

作中土方濃度 20%

NOVEL 17

曼珠沙華(まんじゅしゃげ)、落椿、幽霊。……そんな噂もありました

■土方歳三秘話

赤間倭子（昭53）

『〃』
新人物往来社　絶版

主人公＆歳三

タイトルで主役かと思うのだが、長編1作、短編3作の構成。短編8作と見ることもできる。土方をメインにした話はあまり多くない。山南や沖田のほうが目立ってる。

短編のうち「月夜舟」は若い時の歳三と少し情を交わした女郎の、今際(いまわ)のきわに月が見せた過去。そして、「落椿」の近藤の隠し寺、「紫の旗」の幽霊は、真偽のほどは分からぬながら、京都では確かにそんな話が伝わっていた〝噂の実話〟。「秘仏」の謎の観音像はいったい何だったのか。本当に祟るのか。山南がかなり自己主張している。こんなに喋る彼は珍しい。土方に陥れられ、人柱にされる彼です。土方を「イヤな奴」と沖田が言いきっているのも珍しい。（長）

作中土方濃度 60%

COMIC 14

かつてこれほどカッコいい芹沢が!?

●新選組流血録 壬生狼(みぶろう)

園田光慶（画）・久保田千太郎（脚本）（昭57）

『〃』
リイド社　476円
〈他『ワイド版　真説　新選組』（リイド社）〉

梅毒に侵され、余命いくばくもない芹沢鴨を主人公に、新選組草創期をハードボイルドに描いた作品。土方は脇役で、ほとんど出番がない。

芹沢がめちゃくちゃストイックでいい。その短い余命を隊のために使うという役回りだ。（今）

作中土方濃度 10%

NOVEL 18

士道不覚悟にて切腹を命ずる

■虎狼は空に　小説新選組

津本　陽（昭60）

『〃』
文春文庫　590円
〈他『津本陽歴史長篇全集5』（角川書店）・『虎狼は空に（全2巻）』（文藝春秋）〉

壬生浪士組の時代から鳥羽伏見の戦までが描かれ、全編斬って斬りまくりといった感がある。土方は局中法度を盾に、組織の統制に邪魔になる者を次々と粛清していく。そうまでして彼が守ろうとした新選組が初めて敗北を味わうラストが皮肉である。（浅）

作中土方濃度 50%

■タイトル上のマーク、形はカテゴリを、イラストは作品の主な内容を示しています
〈■＝小説・●＝コミック、＝土方歳三物語・＝新選組もの、群像劇・＝闘う土方・♥＝恋する土方〉

NOVEL 19

「世間に士道といわれるものはどれほどあるのでしょうな」愚問なり、榎本。士道はひとつ。

■榎本武揚

安部公房（昭54）

『〃』
中公文庫　621円
〈他『友達・棒になった男』（新潮文庫）〉

主人公&歳三

箱館から脱走の新選組隊士、浅井十三郎は土方の仇として榎本武揚暗殺を決意。同志5人と、榎本の入牢している辰ノ口糺問所に潜入した。浅井はなぜ彼を執拗に狙うのか。

読みかけては寝てしまい、途中まで読んでは寝てしまい、活字はぼやけ、意識はモーロー。最後までなんとか読んだものの意味が分からず、また最初から読んでは途中で寝てしまい。榎本という文字見ただけで寝てしまいそうになったのは私だ。

明治3年頃に船で護送中の囚人が叛乱を起こし、300人ばかりが厚岸（あっけし）港に上陸、大砲を引いて奥地を目指し、彼らだけの共和国を作り上げた、という伝説の導入にはすんごく引きつけられるが、そこから、『五人組結成の顚末』という資料らしきものが出てきて、フィクションなんだかノンフィクションなんだか分からなくなる、ある意味、おもしろい構成ではあるが、瞼（まぶた）がどんどん重くなる〜。戯曲版『榎本武揚』もあって、こっちの方が分かりやすくてお薦め。

考える榎本と違い、土方には戦うことしかない。「土方君をはじめ、なりたての侍ほど、よけいに侍風を吹かせたがる」と榎本は言い、その頑固な執念が犠牲者を多くしたと非難いたします。榎本にとっての箱館戦争は、最初から負けることを目的とし、煩（うるさ）い主戦論者を死地に送り込むためのものでした。「ぼくはただ、伝説を残したかっただけなんだ」というのが、小説冒頭の、厚岸の共和国伝説なわけですが、残っていますよ。戦って、死んだ男たちの伝説は。（長）

誠
作中土方濃度
30%

COMIC 15

男には我慢する時と、憤怒（ふんぬ）を爆発させせなけりゃならない時がある

●俺の新選組

望月三起也（昭55）

NOW PRINTNG

『〃（全4巻）』ホーム社　952円（03年10月17日発売予定）〈他『〃（全5巻）』少年画報社〉

主人公&歳三

主人公は土方歳三。武士にあこがれ、強烈なストイシズムを求める彼の人生を描く。沖田や原田たちもそれぞれ胸の内に己の誠と、確固たる思いがある。みな貧乏していて風采は上がらないが、志だけは一流だ。

男の集団を描かせたら当代随一の望月氏の新選組は、身なりはどうあれひとりひとりが本物の武士、ひいては本物の男を、あますところなく表現している。

珍しく月代（さかやき）を剃っているこの作品の土方は、刀を持たせれば鬼神のよう、口では厳しいことを言いながらも、原田左之助の危機には手を回して助けたりという、人間味あふれる青年だ。芹沢一派から嫌がらせを受けても自分自身を律し、ここで耐えるのが男だ、今に見ていろと憤怒の炎を押し殺す。

これからが新選組の真骨頂であるというのに、残念ながら芹沢暗殺で本作は終わっている。歴史という荒波の上で新選組という船の舵取りをする、とラストで宣言した土方の活躍がもっと見てみたかった。なんとか再会しないものでしょうか!?

なお、同じ望月先生の『ダンダラ新選組』もお薦め。（今）

©望月三起也／ホーム社

誠
作中土方濃度 100%

■タイトル上のマーク、形はカテゴリを、イラストは作品の主な内容を示しています
〈■＝小説・●＝コミック、（走る人）＝土方歳三物語・（群像）＝新選組もの、群像劇・（刀）＝闘う土方・♥＝恋する土方〉

COMIC 16

懐かしいギャグも満載！あなたはどのくらい分かるかな？

●冗談新選組

みなもと太郎（昭55）

NOW PRINTING

『〃』イースト・プレス　予価1000円（03年11月発売予定）〈他『〃』（新書館）〉

主人公&歳三

主人公は近藤、土方、沖田の3人。試衛館時代から土方が箱館に渡るまでを描いている。なんといっても全編すみずみまでギャグ！ただし描かれた年代を考えると、30代以下には分からないネタもあるかも。

多摩の田舎の天然理心流道場は今日も門弟がひとりも来なくて、道場主の近藤と唯一の門人・沖田がお腹を空かせている。頼みの土方の薬売りのアルバイトで日々、しのいでいる状態だ。そんな3人がおむすびをもらった縁で清河八郎についていき、京に上ることになる。

特筆すべきは土方の髪型である。最初は小さい髷（まげ）、それから髪が伸びてけっこうボリュームのあるポニーテール、髷を切った総髪と細かく配慮されているのだ。

上洛、芹沢暗殺、池田屋事件と、こんなに端的にしかも楽しく史実を追えるマンガがあっただろうか！　なお、イースト・プレス版ではみなもと氏と脚本家の三谷幸喜氏の対談を併録。

同著者には「幕末を描きたいから関ヶ原から始めた」というロングラン連載の『風雲児たち』があるが、そちらもいよいよ佳境。新選組の活躍もこれから期待できるので、ぜひ一読を！　（今）

誠　作中土方濃度100%

特別
描きおろし

私の土方歳三 〈黒乃奈々絵〉

歳サマは、マジで
理想の『夢見る
リアリスト。』!!
叶えられそうにも無い大きな夢を、見てるだけ
なら ただの"ドリーマー"。「叶うはずない」って
願いもしないのは ただの"現実主義者"。
「武士になる」為に具体的にどうするのか。
そうやって、夢を叶える為に 現実に行動でき
た、理想のカッコイイ男性 デス。
…とか言いつつ、黒乃的歳サンは 事あるごとに後悔し
ちゃあ「もう後悔しない様に」がんばっちゃあ 後悔つ
み重ねてく、外づら素敵なダメ男ですけどね!! プッ!
「歳サマ大好っコ」
クロノナナエでした。
本気でLOVE!!♥♥
お招きありがとうございます。

Chrono Nanae

1999年『ワガママ天使の育て方。』でデビュー。その後『新撰組異聞PEACE MAKER』全6巻を執筆し、現在、続編『PEACE MAKER 鐵』を『月刊コミックブレイド』にて連載中（コミックス1～3巻）。03年10月よりテレビ朝日系にて、TVアニメ『PEACE MAKER 鐵』が放映開始。

COMIC 17

近藤の迫力にビビり、悩み、目標を見つける「石田の坊さま」の青春を堪能せよ

●試衛館の鬼

小島剛夕（画）・昴 すまる（作）（昭55）

マンサンコミックス
試衛館の鬼
小島剛夕

『〃（全5巻）』実業之日本社　絶版

主人公&歳三

主人公の土方歳三が剣に目覚め、腕を磨いて上洛するまで。沖田の話や近藤と少年のエピソードなど様々な章があるなかで、特長は井上源三郎が、物の分別をわきまえた飄々とした大人として登場する点。

この土方はいい！　見た目もいいし、なんといっても多摩時代の彼は愛嬌がある。新選組の土方というと鬼副長のイメージが強いが、本作ではまだ「石田の坊さま」であり、義兄に心配をかけ、その迫力にビビって、近藤は自分にとって超えられぬ存在と悩んでしまう、そんな一青年・土方をあますところなく堪能できる。試衛館で修行を重ねるうち、土方は「男として近藤こそは生命と生き甲斐を賭けるにふさわしい人物」と悟り、生涯の目標と見なす。剣の技や作法についても詳述されているので、剣豪もののファンも楽しめるだろう。若き日の坂本龍馬もちらっと登場する。

著者の小島氏は日本テレビ系で放映された『白虎隊』のコミック版も手がけており、そこでは新選組を従え会津戦争にやってきた土方歳三を見ることができる。

（今）

土方は山南敬助を見た――

Ⓒ小島剛夕、昴すまる／実業之日本社

誠　作中土方濃度100％

NOVEL 20

腹が立てば立つほど笑ってしまうらしい。あの人の笑顔を見たら要注意

新撰組が行く

童門冬二（昭57）

童門冬二
新撰組が行く

『〃（全2巻）』
集英社文庫　各486円
〈他『〃（全2巻）』（秋田書店）＋（旺文社）〉

主人公＆歳三

新選組の、誠の精神の根底にあるのは、多摩の風土に培われた武士道。将軍家を守るため、近藤、土方、沖田たちは京へと旅立つ。童門冬二が綴るホンモノの男たちの物語。

「おれはピーンとした世の中が好きだ」

多摩時代の歳三の口癖である。幕府はもう腐っている。そんな幕府のために、なぜ命懸けで働こうとするのか？　駄目な幕府だからこそ、と歳さんは答える。大丈夫なら新選組の出番はない。駄目な幕府に尽くすのが、多摩の人間の根性だと。

歳さんは人間の好き嫌いも激しい。カゲヒナタのある人間は嫌いである。口で言うことと、腹で考えていることが違う人間は大嫌い。

「純粋」の固まりとして物語に登場するのが、多摩で育った少年・市作。「変節漢」代表として、車一心。芹沢にくっついていたかと思えば、長州方に走り、分が悪くなると伊東甲子太郎派として再び新選組に入隊してくる憎まれ役。

言うこととやることが一致する、ホンモノの人間たちの集まりが、この世の中に、たったひとつくらいあってもいい。滅びることを承知で、胸を張って滅びていく。それは多摩の人間の俺たちにしかできない——そんな、故郷の精神風土を基盤とした新選組ストーリー。

筆者には他にも『異説新撰組』や『新撰組一番隊』など、軽妙でいて切ない幕末維新ものの作品がたくさんあるが、個人的に好きなのは『明日は維新だ』です。（長）

誠
作中土方濃度
70%

■タイトル上のマーク、形はカテゴリを、イラストは作品の主な内容を示しています
〈■＝小説・●＝コミック、🏃＝土方歳三物語・👥＝新選組もの、群像劇・🗡＝闘う土方・♥＝恋する土方〉

COMIC 18

「おれは近藤勇になりたいと思ったことはない。おれは、おれでしかないんだ」己の理を貫く男の潔さ

男弐

小池一夫（作）・伊賀和洋（画）（昭61）

『〃（全7巻）』
トクマコミックス（1〜6）
各590円、（7）619円
〈他『〃（全10巻）』（小池書院）＋（集英社）〉

主人公&歳三

連作で歴史を支えた男たちのエピソードを綴る。徳間書店版コミックスでは5〜7巻が土方を主人公にしており、多摩時代から箱館までを描いている。ある程度史実に沿っているが、沖田が京都で死ぬのはちょっと残念。

男の生き方を見せつけるような作品。多摩時代はわりと笑顔の土方だが、上洛してからはほとんど笑わないシリアス一点張りとなる。確かに男の道を貫くにはそのほうが似合う。

元・清河の女と元・女間者のふたりが、土方を自分の命に代えても守ろうとし、願いどおり彼のために死んでいく。これが伊東甲子太郎入隊の時期で、それ以降、土方には女っ気がまるでなくなってしまう。おいおい、もう枯れちゃったのか? 今までの精力絶倫はどこいった?って感じだ。

しかし、「おれは近藤勇になりたいと思ったことはない。おれは、おれでしかないんだ」と言う土方が笑顔で死んでいくシーンは感動もの。

でもどうして土方が語尾に「ぜよ」とつけるのか。「そうぜよ」「行くぜよ」……あなたは土佐人か!?

（今）

誠
作中土方濃度100%

COMIC 19

府立壬生高校2年1組、土方歳三ですっ！

とってもひじかた君　鈴宮和由（昭59）

『〃（全6巻）』少年サンデーコミックス　絶版

主人公&歳三

主人公は土方歳三。といっても幕末の、ではなく昭和60年代の高校生で登場。親友は沖田総司で担任は近藤勇と、随所に新選組色が色濃いコメディ。喧嘩と女の子が大好きな主人公が上洛前の土方像に重なる。

主人公の性格づけが「らしく」ていい。喧嘩は強いし女の子は好きだし、人望もある。楽しいコメディに仕上がっているので、絶版なのは実に惜しい！喧嘩の相手が勤王高校とか土方の実家は薬局とか、ニヤリとさせる細部の設定がファンにはうれしいのだ。原田、永倉、藤堂トリオも妙にハマっている。（今）

新選組副長!!
土方歳三参る!!

作中土方濃度100%

COMIC 20

どうしても斬りたいんだ！

おーい！竜馬　小山ゆう（作画）・武田鉄矢（原作）（昭62）

『〃（全14巻）』小学館文庫　各619円〈他『〃（全23巻）』（ヤングサンデーコミックス）〉

ご存じ坂本竜馬の一生を描いた大作。新選組は当然敵役だが、なかでも土方は竜馬が大嫌い。彼の殺害を幕府から止められた土方が、それでは一剣士が試合う形ならいいのだろう、とあくまでつっぱり通す。その意地に泣けてくる。（今）

作中土方濃度20%

COMIC 21

ある一青年から見た幕末

あすなろ愚連隊　土山しげる（画）・林律雄（著）（昭62）

『幕末血風録』リイド社　品切れ〈他『あすなろ愚連隊』（リイド社）〉

慶応4年の江戸が舞台。主人公は目的もなく何をしたらいいのか分からないという現代風青年・新八（永倉にあらず）。ガトリング砲を持って土方・沖田にからむ箇所があるにしても、主人公の名で試衛館の話と混同してしまうかも。（今）

作中土方濃度10%

■タイトル上のマーク、形はカテゴリを、イラストは作品の主な内容を示しています
〈■＝小説・●＝コミック、（走る人）＝土方歳三物語・（群像）＝新選組もの、群像劇・（刀）＝闘う土方・♥＝恋する土方〉

イッキ読み！コラム

キミは『バクシンガー』を知っているか!?

◆

文：今川美玖

新選組という集団劇、ドラマや芝居でこそおなじみだが、アニメではお目にかかったことがない、という人が多いのではないだろうか。実際これが非常に少ない。理由はふたつある。

ひとつには、アニメの場合、やはり視聴者の主流はお子さまであって、新選組のいちばんの売りである滅びの美学というものが通用しにくいからだろう。ふたつ目にはどちらが悪でどちらが正義かの境界がはっきりしないこと。そのへんを極めていくとどうしても政治がらみの話は避けて通れない。このややこしさ、面倒さが最大の難関なのである。

そうしたわけで、新選組をモチーフにした集団劇アニメというと実はこれしかない。その名を『銀河烈風バクシンガー』という！

何人分かる？　爆笑ネーミング

バクシンガー……、そう幕臣ですよ、幕臣。このネーミングのすごさ！

もともとそれまで放映されていたアニメ『銀河旋風ブライガー』の兄弟シリーズとして始まったのだが、ブライガーの明るいノリに比べてバクシンガーの暗いこと……。よくこれを作ろうと思ったなあ。国際映画社の英断に拍手だ。

未来の宇宙が舞台。太陽系はドメスチック・バクーフに統治されており、ターマ星、ドーエ星、キョーラーク星、ミーブ星などと呼ばれる惑星群で構成されている。折しも外宇宙からの圧力激しい、動乱の時代。このバクーフを潰そうとする新惑星系連合に対抗したのが銀河烈風隊なのだ。

まだ笑ってはいけない。登場人物たちの名前を聞いて驚け！ 烈風隊のリーダーはディゴ・近藤、23歳。もともとターマ星の暴走族（宇宙にもいるんだ走り屋が）だったが一旗挙げようと仲間と共に銀河烈風隊を組織する。その参謀役は幼なじみのシュテッケン・ラドクリフ。これが土方歳三にあたるのだが、名前はともかく、やることなすことが土方そのものなのだ。統率力があり敵味方に容赦せず、だけどロマンチストな一面もあるという、見ているこちらが涙目になるようなキャラクター。

他にもクラパチーノ（永倉新八）だのイノゲン・ローム（井上源三郎）だのとどこかで聞き覚えのある名前ばかり。まあ、クラパチーノたちにはあまり活躍の場がなく、アニメにはお決まりの紅一点、ライラ・峰里と、原田左之助と斎藤一を足して割ったような佐馬之介・ドーディ、沖田を彷彿させる真幌羽士郎らが花を添える。こういう人たちが宇宙をバイクで駆け回るってのもすごいでしょ。

敵方もいい味出してるメンツ揃いで、トルサ星のオズマ・ドラーゴ、ナーカ・シンタル、ロングー星のシンザーク・ハイム、ケイ・マローンなどなど、もう幕末ファンは笑いが止まらんのだ。

史実同様、この『バクシンガー』でも最後、銀河烈風隊ははかなく散ってしまう。バイクで敵の艦隊に突っ込んでいくんだ、これが。そりゃ無謀だろうと思っても、捨て身でいかなければならなかったのだ。そんなシュテッケンの姿は、あの箱館官軍総督府に出撃する土方歳三そのものなのである。

現在、DVDがイマジカから発売中。巡り会えるチャンスがあるなら、いちど見てほしい。そのパロディぶりに笑いながらも、やっぱり新選組を下敷きにしてるなあ、とウルッとしてしまうこと請け合いなのだ。

これぞ『銀河烈風バクシンガー』

NOVEL 21

時代の流れがどう変わろうと、俺は信じる道を進む。武士として戦い続ける

戦士の賦　土方歳三の生と死

三好徹（昭63）

『土方歳三　戦士の賦（全2巻）』
学陽書房　各700円
〈他『戦士の賦　土方歳三の生と死（全2巻）』（集英社文庫）＋（秋田書店）〉

主人公&歳三

主人公は土方歳三。浪士組に参加して京に上った彼は、新選組副長としてめきめきと頭角を現す。時代の流れがどうあろうと、己の信じる道を突き進んだ土方の生涯を描く。

試衛館での稽古にも身が入らず、うつうつとした日々を送っていた土方は、京での新しい生活を求め浪士隊に参加する。それまでは時代の流れに無頓着であった彼だったが、近藤を頭として新選組という一大組織を作り上げ、それを維持、拡大することに自らの生き甲斐を見出してゆく。

彼らに次々と振りかかる事件が克明に綴られるなか、土方の己を律した生き方が淡々と描かれる。近藤が涙をこぼすのを見て、「この人は弱くなった」と冷ややかに呟く場面があるように、本作での土方はいつでも冷静沈着だ。

休息所を持ち、志乃という女性を囲ったのも、西郷隆盛を襲うための布石だったという設定。夢の中に次々と現れる女たちに向かって「うるさいぞ。あっちへ行っていろ」と怒鳴る土方は、最後まで孤独に、勇敢に戦い続けた。それこそまさしく彼が生涯を懸けた男の美学であったのかもしれない。

土方の戦死後6日目に降伏した榎本武揚は、のちに明治政府のもとで大臣を歴任する。土方と対照的に、かつての敵に仕えてでも己の才能を活かすことを選んだ榎本。命の果てるその瞬間まで、武士としての男の意地を貫いた土方の生き様は、榎本の内に刻み込まれ、生涯消えることはなかったに違いない。

（浅）

誠
作中土方濃度
100%

NOVEL 22

女たらしのドスケベ！なのに、女心が分からない純情野郎――という新しい土方像

■幕末純情伝　―龍馬を斬った女―

つかこうへい（昭63）

幕末純情伝
―龍馬を斬った女―
つかこうへい
角川文庫

『〃』角川文庫　品切れ
〈他『〃』（角川書店）戯曲版に『新・幕末純情伝』（演劇ぶっく社）などがある〉

主人公&歳三

沖田総司は女でした。伊豆の岬で土方にナニされてから、想うは土方のことばかり。振り向いて、土方。こっち見て、トシ。沖田は今日も人を斬る。血を浴びるほど美しい。血を吐くほどに妖艶。

初演時、沖田を演じた平栗あつみの顔が肺病持ちにぴったりの、病的で、素晴らしい能面顔。これにゾワゾワッと鳥肌立って、ずいぶん長いこと頭を離れませんでした。牧瀬里穂も藤谷美和子も健康すぎて、私は受けつけませんでした。

え、土方？　この話では土方の存在感が薄くて、沖田が惚れる理由がよく分からない。「僕に冷たくしたら、どんなことになるか土方さんに知っておいてもらわなくちゃね」と沖田に言わせるだけの存在感、あるかなあ。もしかして、女の深情けにビビッて、逃げ腰になっている？　土方。カッコつけて、女泣かして、志士面している土方は、やだな。

もう、土方追っかけるのやめましょう。男の純情なんかに付き合ってられません。女は度胸。ガッツですって。（長）

作中土方濃度　40%

すんません、私は芝居でハマリましたので、小説のほうはイマイチ、と卑怯な手を使います。だって、つかこうへいは小説家じゃなくて芝居の人なんだもん。映画化もしたけど、原作者は満足してないのでは。スクリーンで新選組をハチャメチャされると辛くなる。舞台ならいいかって？　いいのよ。舞台の上なら何やってくれても。勝海舟のリンゴ尻に岩倉が惚れたって、桂が地べた這って米粒拾ってたって。

■タイトル上のマーク、形はカテゴリを、イラストは作品の主な内容を示しています
〈■＝小説・●＝コミック、＝土方歳三物語・＝新選組もの、群像劇・＝闘う土方・♥＝恋する土方〉

COMIC 22

ユダヤと日本を結ぶ謎が京に？ 壮大な伝奇時代ロマン

● 赤い鳩（アピル） 小池一夫（作）・池上遼一（画）（昭63）

赤い鳩
アピル
小池一夫のヒット作
道草文庫

『〃（全4巻）』
道草文庫　各588円
〈他『赤い鳩（全6巻）』（ビッグコミックス）〉

主人公＆歳三

『聖書』の予言にあるハルマゲドン。146年後に起こる大戦を阻止するため、あるユダヤ人と新選組隊士の実行が謎を解明していく。これに沖田がからみ、土方は病気の彼のために陰で協力する。

いやもう話の壮大なこと。しかしさすが小池・池上コンビは息をもつかせぬストーリー展開と華麗な筆致で飽きさせない。沖田は生きる光明をハルマゲドンの謎解明に見出す、土方は沖田にしごく協力的で、夢を追えと励ます。性格的には冷たく厳しいが、そのなかに美しさと沖田への思いやりが感じられる、魅力的な土方像だ。（今）

作中土方濃度 30%

ぐっどばい。

©小池一夫　池上遼一

NOVEL 23

二股口のブラックコーヒーは苦い

■ 箱館戦争（正・続） 星亮一（昭63）

『箱館戦争　榎本艦隊北へ』
『箱館戦争　碧血の碑』
共に角川文庫　品切れ

会津が破れ、仙台藩に背かれ、彼らが生きる場所は蝦夷しかなくなった。戦う男たちは北へ向かう。土方歳三が、伊庭八郎が、諏訪常吉が、中島三郎助が、安部井政治が。もし開陽丸が座礁しなければ、箱館戦争は違ったものになっていたのだろうか？（長）

作中土方濃度 30%

NOVEL 24

沖田は探偵。じゃ、土方は？

■ 新選組探偵方 南原幹雄（平1）

『〃』
福武文庫　絶版
〈他『〃』（双葉文庫）＋（双葉社）〉

沖田が探偵役となり、事件の解決に挑む。芹沢鴨を暗殺したのは何者？　六角獄の囚人を斬殺したのは？　谷三十郎、武田観柳斎を殺したのは誰？　島田魁が相棒。じゃ、土方は何をするかというと、要所要所で場を締めてるんだな、これが。（長）

作中土方濃度 10%

NOVEL 25

役者のごとき美貌に冷酷な陰影をまといつかせ、道場に立つ

■北の狼　津本 陽（平1）

主人公&歳三

7編の短篇を収録。表題作でもある「北の狼」は、樺戸監獄で看守に剣術を教える晩年の永倉新八を描く。土方が出てくるのは「祇園石段下の血闘」で、薩摩の間者の話。

『北の狼　津本陽自選時代小説集』
集英社文庫　476円
〈他『剣よ風を呼べ』（講談社）・『密偵　幕末明治剣豪綺談』（角川書店）など〉

慶応3年、若い薩摩藩士の指宿は身分を偽り、新選組に入隊した。新選組内部の動静を探るため、そしてまた近藤や土方を暗殺するために。

入隊早々、指宿は道場で、土方の視線を感じながら沖田総司と試合をすることになる。彼の見た沖田の激しい剣、闇夜の刃引き稽古、明日を生き延びるための新選組の剣。津本陽には新選組を題材とした短編が数多くあるが、描写は淡々としていて、濃いのが好きな人には物足りないかも。（長）

作中土方濃度 20%

NOVEL 26

土方を感動させた俳句とは？

■冬のつばめ—新選組外伝・京都町奉行所同心日記　澤田ふじ子（平1）

『〃』
徳間文庫　552円
〈他『〃』（新潮文庫）＋（実業之日本社）〉

新選組は京の市井（しせい）の人々を守ってくれるものではなかった。主人公の同心・大仏は天然理心流門下で、近藤、土方、沖田たちには親しみを覚えてはいたが、その行状に次第に心が離れていく。新選組は京を去り、大仏は愛する者のもとに残る。（長）

作中土方濃度 20%

COMIC 23

嗚呼、試衛館の青春！

●宗次郎　義澄 了（平2）

『〃』
東京三世社　絶版

世に出る前の試衛館メンバーの日常を、沖田の幼名時代を描いた表題作ほか3編で綴る。個性豊かな男たちがむさくるしいながらにぎやかにやっている毎日が、楽しげに表現された好著。ポニーテールではない土方は一見の価値アリ。（今）

作中土方濃度 50%

■タイトル上のマーク、形はカテゴリを、イラストは作品の主な内容を示しています
〈■＝小説・●＝コミック、＝土方歳三物語・＝新選組もの、群像劇・＝闘う土方・♥＝恋する土方〉

NOVEL 27

多摩の若鮎は剣に生き、誠に殉じた

■土方歳三　「剣」に生き、「誠」に殉じた生涯　松永義弘（平2）

『〃』PHP文庫　品切れ
〈他『〃』（光風社）〉

主人公&歳三

主人公は土方歳三。多摩の若鮎のごとく活きのいい彼は商人になることを目指していたが、試衛館の仲間たちとの出会いにより、侍になるという新たな目標を見つける。

土方の生涯が歴史の流れと共に平易に描かれた、入門の書としてお薦めの一冊。近藤は薩長軍に下る際、近藤勇のじゃねえ、おめえの合戦をやってみろよ、と土方に告げる。近藤を失うことは人生の目的を見失うにも等しいことであったが、彼の死後、その言葉は新たな重みをもって土方の内に甦る。最後の戦い、彼は撃たれると分かっていながら、剣一本で敵に向かっていった。それこそが誰のためでもない、土方自身の合戦の締めくくりであったのである。（浅）

誠
作中土方濃度100%

COMIC 24

俺の夢を壊すヤツは誰だって許さねえ。俺の前に立ちふさがるなら斬る！

●修羅の刻　陸奥圓明流外伝　川原正敏（平2）

『〃（全14巻）』
月刊マガジンコミックス
（1〜9・13）各390円、
（10）552円、（11・12）各419円、（13裏）400円

主人公&歳三

各時代の武芸者・陸奥を追う物語。2・3巻が坂本龍馬、新選組と陸奥がからむ「風雲幕末編」。千駄ヶ谷で沖田と、箱館で土方と闘うシーンは迫力満点！

土方は、ただひたすらやり残したことに始末をつけたい一心で箱館まで生き抜いてきた。それは陸奥出海との決着である。最後の最後に決着をつける場所は、土方がひとり乗り込んでいく官軍の参謀総督府の前だ。

この時の土方は軍服を脱ぎ、だんだらの羽織を着ている。このあたり泣かせるじゃないかあ。（今）

誠
作中土方濃度60%

特別
描きおろし

私の土方歳三

〈**岩崎陽子**〉

男性にぐっとくるポイントとして
「あいきょう」が、私的には
絶対はずせません。
それも、ちょっとコワモテだったり
仏頂ヅラの人に、ふとした
「あいきょう」を発見したり
すると、これはもう、
そうとうぐっときます！
写真で見るかぎり、土方氏は
あまりコワモテというふぜいでは
ないですが、彼のエピソードの
あれやこれやは「あいきょう」ざんまいです。
ヒネリの効いているとは思えない俳句といい、
女性からのラブレターを田舎に送りつけたり
タクアンの樽をもらって帰ってみたり、etc.
意外とシンプルな人だったんじゃないかなあと
思っています。主義とか主張とか国とかより、
一人一人が、いかに見事に生きるかのほうが、
彼的には重要だったんじゃないかと思います。
一人一人が自覚を持って生きていけば、
世の中悪くなるはずないじゃないか？とか
考えてそうです。
突っ走ってナンボ！熱くってナンボ！
癒やされなくてけっこう！
見事な生き方＝彼的武士道
と、勝手に解釈しております。

Iwasaki Youko

1966年生まれ。蟹座、A型。熊本県出身。87年『NGスタンバイ』にてデビュー。安倍晴明を主人公とした『王都妖奇譚』で陰陽師ブームの先駆けとなる。96年から『無頼―BURAI―』を発表して、好評を博す。現在『プリンセスGOLD』で昭和初期を舞台とした『浪漫狩り』を連載中。

NOVEL 28

新選組は素晴らしい。そんな夢を見続けてほしいのさ

■新選組事件帖　佐木隆三（平2）

新選組事件帖
佐木隆三
『〃』文春文庫　品切れ

主人公&歳三

元・瓦版屋の文三郎は近藤の幼なじみのため、新選組にも気軽に出入りしていた。池田屋事件を機に、この激動の時代を描く志を立てた彼は、長州の情勢を探る旅へ。

本作での土方は近藤に寄り添う影のような存在として扱われているに過ぎない。彼の心情がうかがえるのは、新選組に入れば贅沢ができると聞いて多摩からやってきた若者に対し、それとなく不採用を言い渡してほしいと文三郎に頼む場面。「彼らには大いに夢を描いてもらいたい。いずれ農兵を組織せねばならん時が来る」と本音を語る。「さむらい百姓」から本物の「侍」になった土方だからこそ、夢が力に結びつくことを信じていたに違いない。（浅）

誠　作中土方濃度10%

COMIC 25

日本の怪談と西洋のホラー、どちらがお好きですか？

●新撰組始末記　唐沢商会（平2）

近未来馬鹿
『近未来馬鹿』1000円　青林工藝舎

主人公&歳三

主人公は土方歳三。とりあえず整ったご面相。池田屋の前哨戦(?)である古高の拷問から始まるのだが、この拷問、めちゃ怖い。ほら、あなたの後ろに……！

本作は要するに「怖い話合戦」なわけだが、それまでどんな拷問にも屈しなかった古高が、土方の怪談話にはたまらず、池田屋での会合を話してしまう。

池田屋でも斬り合いではなく、怖い話の応酬だ。

やがて時は流れ、官軍は西洋の新式怪談を打ち出してくる。これには土方もお手上げだった……。（今）

これから
こわあい話をするからなっ
ふはははははは
©唐沢俊一＋唐沢なをき／青林工藝舎

誠　作中土方濃度100%

NOVEL 29

アボルダージ、突入！

■幕府軍艦「回天」始末　吉村　昭（平2）

「〃」文春文庫　340円
〈他「〃」（文藝春秋）〉

作中土方濃度 10%

宮古湾海戦や箱館戦争を軍艦「回天」を中心に、ドキュメンタリー風に追っていく。史料を深く読み込んだ作者による、生々しい歴史小説に仕上がっている。土方の出番は少ないが……。実際の宮古湾での土方はカッコいいのに……。（長）

COMIC 26

珍しく女が苦手で……

●幕末純情伝　小林　薫（画）・つかこうへい（作）（平3）

「〃」あすかコミックス　品切れ

作中土方濃度 70%

土方恋しさに新選組に入った、本当は女の沖田の物語。龍馬にも沖田にもけなされ馬鹿にされ、いじけつつも前向きになろうとする土方。沖田の気持ちに応えたいけど応えられず、どうしていいのかモンモンとする土方の姿はまさに〝青春〟そのもの。（今）

COMIC 27

斬って斬って斬りまくる、壬生の狼たちの青春！

●新選組　工藤かずや（作）・金井たつお（画）（平3）

主人公&歳三

主人公は土方と沖田。このふたりを中心に芹沢暗殺、池田屋事件などと名もない隊士とのドラマをからめて、一話読み切りで綴る連作。

NOW PRINTING

『新選組（全5巻）』メディアファクトリー　予価各514円（03年11月発売予定）
〈他『〃』（スコラ）〉

無名隊士のストーリーにあっても、土方は常に厳しくカッコいい。それでいて喀血（かっけつ）する沖田の体を思いやるという、これはもう土方像の典型的な型といっていいだろう。沖田が人をバッサバッサと斬っていく作品は多いが、本作では土方も負けず劣らずに殺陣（たて）シーンが多い。躍動感あふれる新選組だ。（今）

作中土方濃度 60%

■タイトル上のマーク、形はカテゴリを、イラストは作品の主な内容を示しています
〈■＝小説・●＝コミック、🏃＝土方歳三物語・👥＝新選組もの、群像劇・🗡＝闘う土方・♥＝恋する土方〉

NOVEL 30

ほんまは斬りとうなかったと、泣いてくれはるやろ。芹沢の愛人・お梅と寄せ合った哀しい想い

■降りしきる

北原亞以子（平3）

『〃』講談社文庫　514円
〈他『〃』（秋田書店）〉

主人公&歳三

主人公は芹沢鴨の愛人・お梅。木綿問屋・菱屋の妾であった彼女は、芹沢に乱暴され、彼の女になる。土方はお梅の美しさに魅せられるが、彼女が芹沢のもとに通い続ける理由が分からず、やがて避けるようになる。

短編集の表題作でもある本作は、土方が芹沢鴨の愛人となったお梅の命を救おうとする話。ほとんどの新選組作品で、芹沢暗殺時に一緒に殺されたお梅を毒婦のように扱っているなかで、本作ではその悲しい半生と土方に寄せる彼女の密かな想いが語られる。

お梅は両親を失い、やけを起こして木綿問屋・菱屋太兵衛の妾となっていた。最初から話はついていたのか、ゆすり同然に商売物を持ち出した芹沢のもとへ、代金の催促に行かされたお梅は力ずくで犯され、以来、芹沢の女となる。しかしのちに、初めて芹沢を訪ねたその日に、土方が心配そうな顔で彼女の様子を見に来ていたことを八木家の女中から教えられ、お梅の心は揺れた。芹沢暗殺決行のその日、お梅が新選組の屯所である八木邸に来たのは降りしきる雨の中だった。ほどなくいつもは自分を避けている土方が突然に現れ、お梅に「帰れ」と告げる。「命令だ」と言う彼の真意を測りかね、お梅は結局、芹沢を部屋で待つことにしてしまう。

生きていくうえで、あの時、別の道を選んでいたらと思うことは誰にでもある。芹沢暗殺の計画を口にできず、お梅の命を救えなかった土方の内にも、そうした思いがよぎったであろうか。傷ついたお梅を抱きとめ、「ばかやろう。なぜ帰らなかった」と土方は呟く。彼の腕の中で、「斬って」とささやくお梅の最期が涙を誘う。

（浅）

作中土方濃度 60%

COMIC 28

みんなが、誰かのためにはっぴいマンになれると信じて

はっぴいマン　爆裂怒涛の桂小五郎

石渡　治（平3）

『〃（全4巻）』
アクションコミックス　絶版

主人公＆歳三

桂小五郎の江戸留学から最期までを描いたもので、そこに龍馬や沖田、土方がからむ。土方は桂が憎くてたまらず、執拗につけ狙う。その理由が女のことだったりするのだ。思想はどうした！

最初はすごく笑えるマンガだと思っていたら、巻を重ねるごとにシリアスになっていってしまった。とにかく登場人物すべての動きがいい。坂本の舎弟になっちゃう沖田も、桂を「ダーリン」と呼ぶ芸妓・幾松もすべてのキャラクターが立っている。

土方は鬼の副長の面目躍如とばかりに蛇のような目をしたキツイ男に描かれているが、桂との確執の原因が、女性という設定の吉田松陰だというのがなんとも情けない。一方で桂はやはり坂本龍馬と千葉さな子の件でモメているし、尊王だなんだという前にとにかく女のことで悩んでしまっている男どもがいるわけだ。とりあえず「闘いからは何も生まれない。愛こそすべて」なんである。

しかしもちろんそれだけでなく、きちんと史実にも沿っている。バラの似合う松平容保サマが秀逸。（今）

©石渡治／双葉社

誠
作中土方濃度40％

■タイトル上のマーク、形はカテゴリを、イラストは作品の主な内容を示しています
〈■＝小説・●＝コミック、＝土方歳三物語・＝新選組もの、群像劇・＝闘う土方・♥＝恋する土方〉

イッキ読み！コラム

トシさま inボーイズ・ラブ

◆

文：今川美玖

そもそも「ボーイズ・ラブ」とは何か？　ぶっちゃけて言えば「若専ホモ」である。なんか身も蓋もない言い方だが、たとえきれいな言葉で飾ろうと、そうなんだから仕方ない。

日本に連綿と続く「衆道」

さて、日本には古来から「衆道（しゅどう）」というものがあった。これを「男色」ともいう。戦国武将が戦場に女性を連れていけないので、美しい少年を伴ったとか、仏門では女人に触れることができないから、その代わりを務める美少年がいたとか、江戸時代には陰間茶屋（かげまぢゃや）（男の子の売り専フーゾク）があったとか、わりあいに容認されていたのである、この手の恋愛は。容認どころか、賞味期間限定の美少年は通過儀礼的な意義があるだけ女性よりもいい（何がやねん！）という話もある。

そんな、半ばオープンな習慣であったものが、同性愛を否定するキリスト教的文化の到来に伴い、少年を愛する行為自体は消滅しないまま、秘めたる関係といったものへと変貌していく。

大正年間から昭和初期に活躍した高畠華宵（たかはたかしょう）や伊藤彦造などの挿絵には、そうした香りが充満している。あからさまに恋愛関係、ではなく、友情の横滑りみたいな感じなのだが、ただ立っているだけの少年ふたりの絵でも、妖しいことこのうえない。また人々が洋装へ移行している時に、わざと着物を着せて日本の伝統美を押し出したのもナイスであった。

そして昭和も後期になって出てきたのが「やおい文化」だ。ここで少年同士の愛は突然、全肯定された。もともと「やおい」は「ヤマなし、オチなし、意味なし」の略で、ま、きれーな男の子が何の脈絡もなくヤッちゃっても、それでいいのだという世界。ただし、「やおい」って言葉にはどうもオタクのイメージがあるので、もっときれいな用語へと移行したのがボーイズ・ラブというジャンル名なのだ。

順列・組み合わせも自由自在

歴史ものボーイズ・ラブには織田信長×蘭丸とか武田信玄×高坂弾正(こうさかだんじょう)などの名カップルがいるが、最も人気が高いのは我らが新選組。こと土方歳三はこのジャンルにはうってつけの人物らしいのだ。

なんたって新選組という男集団のなかにいて、きれいで強くてちょっと強引（←これが大事らしい）。相手には美青年の沖田やちょっと陰のある斎藤もいるし、藤堂平助なんかもホントは沖田よりも若いんだから相手にとって不足なし。最近ではカップルの幅も広くなってきて、近藤×山南、原田×斎藤、土方×藤堂、沖田×斎藤など、組み合わせ次第でどうとでもできる（って何をやるんだか）。

現実の新選組でも「隊内で衆道がはやっているよ」という近藤の手紙が残っている。これをボーイズ系のためにある集団と言わずしてどうする!?という女性たちの喚声が聞こえそうだ。

オタクという言葉が市民権を得たように、ボーイズ系というカテゴリーも今や世に受け入れられつつある。以前は同人誌の誌面でひっそりと花咲いていたボーイズ・ラブも、今日では堂々と一般コミックス売り場に進出。それも、プラトニックからモザイクかけたいくらいのきわどいやつまで花盛りだ。

理解できない人には、死ぬまで理解できないであろうボーイズ・ラブ。でも好きな人はもう理屈抜きで好きなのだ。どうかいやな顔せず、見逃してあげてほしい。

それにしても、コミックス売り場のレジで5冊以上抱えて並んでる女性の手元は、なぜかみんなボーイズ系。あれはどういうことなんだろ。まとめ買いしなくてはいけない事情があるのでしょうか。

NOVEL 31

時空を超えせめぎ合う野望と欲望。歴史を創るのは人間か、機械か

■ **土方歳三、参る！ 幻説五稜郭**　辻真先（平5）

土方歳三、参る！
―幻説五稜郭―
辻真先

「〃」光風社出版　絶版

主人公&歳三

葛城霊花はエスパーの能力アリと見なされているが、まだその力は発揮されていない。恋人を悪夢から救うため、時空を超えて旅立つことになった彼女は、200年前の箱館で土方と出会う。

土方がもし箱館で出撃せず、生き延びたとしたら歴史は変わるはずだった。彼を死なせまいとする未来からの使者の説得に、土方はどう応えるのか……。恋人の悪夢の謎を解くために、200年前の箱館にタイムトリップする少女・霊花。土方をめぐる様々な人物に乗り移るうち、彼女は自分を取り巻くエスパーたちの歪んだ欲望を目の当たりにする。過去と未来が交錯する構成はちょっと読みにくいが、歴史に抗ってでも前へ進もうとする土方の決意が泣かせる。（浅）

作中土方濃度 50%

NOVEL 32

その遺骸を油小路に棄てよ

■ **油小路の血闘**　安西篤子（平3）

油小路の血闘

「〃」小学館文庫　533円
〈他「〃」（読売新聞社）〉

近藤がその才能を見込んで新選組に招いた伊東甲子太郎。しかし彼は暗殺され、油小路に死体を晒される。伊東の遺体で高台寺一派をおびき寄せ、殲滅を謀る土方の巧妙さには目を見張るが、この事件が近藤狙撃の引き金となってしまう。（浅）

作中土方濃度 20%

NOVEL 33

えーと、それで土方さまは？

■ **にっくき土方さま——新撰組学園隊士始末記**　海老沼三郎（平4）

にっくき土方さま（上）

「〃（全2巻）」富士見ファンタジア文庫　品切れ

試衛館高校剣道部キャプテンで土方を密かに慕う菊江が、タイムマシンで幕末へ。後を追ってやってきた伸介と、強敵・芹沢軍鶏。軍鶏の天狗の鼻返し殺法、うちわ斬りの必殺技を破ることはできるのか。それより菊江の恋の行方は？（長）

作中土方濃度 30%

NOVEL 34

地に伏して死ぬことも、立ち止まって死ぬことも許されない場合の死に方、教えます

■新選組

森村誠一（平4）

『〃（全2巻）』
朝日文庫　各940円
〈他『〃（全3巻）』（角川書店）・『〃（全2巻）』（朝日新聞社）〉

主人公＆歳三

自分の顔にはね返った敵の血を舐め、「できるだけゆっくりとむごく殺してやれ」と言う土方です。拷問大好きだし、ねちねち隊士をいびるのも、人を罠にかけるのも好き。

　初刊行時の帯には「壮烈な滅びの美学」とか「時代の潮流に一剣をもって立ち向かった男たち」「幕末波乱の史劇」とかそそられるコピーがついています。でも、実際に本を読んでみると、どうも違う。それに、早く新選組の活躍が読みたいのに、歴史の説明がかなり多い。時代背景は確かに大切だけれど、ここまでページ取らんでも。オープニングに、若い頃の近藤、土方、沖田が出てきて、先の展開を楽しみにしていると、桜田門外、坂下門外の変に寺田屋事件の説明が入る。まあ、土方宗匠は井伊大老を悼(いた)んだ俳句を作ってるからいいけど。

　土方が浪士組に参加したのは、天然理心流の腕を、多摩で腐らせてたまるか、京で花開かせるんだ、と誓ったから。新選組を〝武器〟に時代の激流に乗って、できるだけ遠くまで行きたい。その意味で新選組という組織は、土方の野望のための道具に過ぎなかった。芹沢を陥れるために、あの手この手の策謀をめぐらす。部屋にこもっていろいろインケンなことを考えるのが趣味だという土方像……。

　戦場で、「生きている敵の面皮を剥(は)ぎ、目をくり抜いてはいかがかな」なんて言う土方は正直ちと怖い。慈母のように兵に慕われたって話もあるんだけどな。

（長）

誠
作中土方濃度 40％

■タイトル上のマーク、形はカテゴリを、イラストは作品の主な内容を示しています
〈■＝小説・●＝コミック、＝土方歳三物語・＝新選組もの、群像劇・＝闘う土方・♥＝恋する土方〉

COMIC 29

異世界と現実の狭間（はざま）に生きる

● **ウエスタン武芸帳** 菊地秀行（作）・JET（画）（平4）

『〃（全2巻）』
朝日ソノラマ　品切れ

主人公＆歳三

主人公は多分に猟奇的な沖田総司。なにしろ人を責めることにかけては天下一品という設定で、今までの沖田像を根底からひっくり返す。土方は脇役なので特に目立った動きはない。

幕軍優勢、官軍が敗走して明治維新は来ない、というパラレルワールドを舞台に、残忍な沖田が龍馬を追ってアメリカ大陸に渡るという奇想天外なアクションホラー。JET氏描く土方はチョイ役とはいえ、しぐさなどがとても色っぽい。それにしても続きはどーしたの!?　（今）

作中土方濃度 10%

聞きたいことがある

COMIC 30

これを読まずに時代劇を語るな

● **江戸むらさき特急** ほりのぶゆき（平5）

『〃』
ビッグコミックスワイド版
876円

時代劇4コママンガ集のなかに数本、新選組ものがあり、土方とは名乗らないものの土方役者といわれた栗塚旭氏そっくりのキャラが登場。それだけで読む価値は絶対にある！　とりあえず、この本を読まないなら、時代劇と歴史は語るな！　（今）

作中土方濃度 10%

NOVEL 35

総司の病に気づかないノンキさ

■ **総司還らず** えとう乱星（平6）

『〃』
広済堂文庫　600円
（他『〃』（中央公論新社））

タイトルどおり沖田が主人公。「禁裏御（お）みあし帖」という、皇族の足袋（たび）を作るための足型帖をめぐっての忍者との死闘。和宮の替え玉となる三つ子に恋する沖田。形見に残された菊一文字。楽しく読める話なんですが、土方の出番は少ない。　（長）

作中土方濃度 10%

NOVEL 36

「士道ニ背キ間敷事」。局長であろうと法度の外ではない。新選組とはそういう集団だ

■新選組斬人剣 小説・土方歳三

早乙女 貢(平5)

『〃』講談社文庫 1143円
〈他『〃』(講談社)〉

主人公&歳三

主人公は土方歳三。早熟で女に手の早いのが災いし、奉公を二度失敗する。石田散薬の行商を始めながらも、試衛館に出入りし、腕を磨くことに。やがて近藤らと共に浪士隊として京へ。

若き日の土方と近藤勇との友情に重きが置かれているものの、土方の切れ目のない女たちとの交流が、早乙女氏流の解釈で綴られる。もっとも、これは著者の創作だとあとがきにはあるのだが、土方がどれほど実際に女性の心を捉えたかは想像に難くない。

武州多摩郡の石田村で生まれた土方は、早熟で手に負えないほどの腕白小僧であった。百姓を嫌い、商人になりたいと二度目の奉公に出た彼だったが、女中と深い仲になり、店を飛び出す。が、不思議な縁で天然理心流の道場主・近藤周助と出会い、試衛館に出入りするようになったことから、運命は大きく変わっていく。

新選組の誕生から池田屋の斬り込みに続く物語のなかで目を引くのは、土方と近藤の信頼関係である。鉄の5カ条と呼ばれた局中法度も、規律の厳しさ云々ではなく、武士として守るべき道を見事に集約したものと解釈されている。この法度を盾に不穏分子を粛清していく土方だったが、それは常に自らを省みて、我が身にも刃を向け続けることを意味していた。

士道ニ背キ間敷事。武家の出ではない土方だからこそ、武士が持つべき志にこだわった。そしてその根底には、仲間への揺るぎない信頼がある。彼は生涯その志を失うことなく、自分の信じる道を全うしたのである。(浅)

誠
作中土方濃度100%

■タイトル上のマーク、形はカテゴリを、イラストは作品の主な内容を示しています
〈■＝小説・●＝コミック、土方歳三物語・新選組もの、群像劇・闘う土方・恋する土方〉

COMIC 31

男としての生き方を貫く姿はハーロックのように……

陽炎の紋章

松本零士（平6）

主人公&歳三

会津藩に荷担するプロシアの武器商人・スネルが主人公。彼に土方や高杉晋作たちがからんでくる。より男の生き方を極めるには、というテーマが巨匠の手であくまでも静かに語られている。

新選組の影
松本零士

『〃（全4巻）』
中央公論新社　絶版

本作を読んだ時、土方はまさに松本氏の名キャラクター「キャプテンハーロック」だと思わずにはいられなかった。あくまでも剣と友情にこだわり、半端なものはつけ入る余地のない人生を送る美貌の土方に惚れない人がいるだろうか！　武器が発達しようとも刀を「戦う意志の象徴」と見なす土方はまさに真の男。その生き方に泣ける名作。（今）

誠　作中土方濃度 50%

COMIC 32

牙突（がとつ）の考案者です

るろうに剣心

和月伸宏（平6）

『〃（全28巻）』
ジャンプコミックス　各390円

これで幕末ファンになった人も多いヒット作。しかし舞台は明治時代なので、土方は第7巻で1カット登場するのみ。ただし斎藤一の必殺技・牙突は土方が考案したことになっているので、この技が出てくるたびに土方がしのばれるはず。（今）

誠　作中土方濃度 10%

COMIC 33

盟友と共に箱館に散る

願わくば花のもとにて

一條和春（平6）

『月とノスタルヂヤ』
ラポート　品切れ

土方と遊撃隊・伊庭八郎との友情を描いた作品。若い頃から吉原遊びを一緒にした仲のふたりは箱館で再会、共に闘うことになる。透明感のある絵に、滅びてゆく者の哀しさが相まって、なんともいえない情感が漂う。（今）

誠　作中土方濃度 40%

特別
描きおろし

私の土方歳三〈JET〉

小さな子供の頃は、新選組が嫌いでした。

なんせ坂本竜馬の地元出身、しかもどこで仕入れたのか『新選組が竜馬を殺した』という間違った知識付き。

よく分からないけど嫌い。なんせお子さま。

それが小学３年生の時に大河ドラマで「国盗り物語」から司馬遼太郎先生にどっぷりはまり、「燃えよ剣」で初めてまともに新選組のことを知って…180度転身。

すっかり土方歳三大好きというナゾの小学生が出来上がり．

いえなんせ、荒木又右衛門や斎藤道三もLOVE！な９歳児。

ただとっかかりが悪かったせいか、今でも妙なファンですが。

好きなベストに小説だと「ウェスタン武芸帳」（菊地秀行先生）漫画で「俺の新選組」（望月三起也先生）とか上位にくるあたり…普通の新選組ファンとは言い難い。

そんなへそ曲がりなんですが、今年日野市と高知市の団体が、一緒によさこい踊りを踊ると聞いて、心の底から喝采を送っている次第。

そうして江戸は遠くに行き過ぎても、人の心に英雄たちの足跡は静かに残り続ける。

柔らかな幸せに、再び書架から「燃えよ剣」を引っ張り出したりしている今日この頃なのでした。

映像関係ではやはり栗塚旭氏の土方が鮮烈でしょうか。

さすがに現役ではありませんが、長じてビデオを拝見、すっかり惚れ込んでしまいました。

Jet

1月17日、高知県生まれ。『ロマンティックにゃほどとおい』でデビュー。ホラーとミステリに造詣が深く、新選組関係では菊地秀行の『ウエスタン武芸帳』の作画を担当。現在、『ミステリーDX』で横溝正史原作作品を毎月執筆中。

NOVEL 37

男の人なら楽しめるかも。斬っちゃ抱く、斬っちゃ抱く、の破天荒ぶりに、結末が読みたくなった

■土方歳三

峰 隆 一 郎（平7）

土方歳三 一
峰隆一郎

『〃（全3巻）』
徳間文庫（1・3）各533円、
（2）514円
〈他『〃（全3巻）』（富士見書房）〉

主人公&歳三

この土方をどう説明したらよろしいんでしょ？　畳斬りはあくまで練習。本当は人間が斬りたかったの。斬って斬って、斬って、斬って、斬って……、疲れませんか？　昔の人、タフだな。

作者は、世間に出来上がりかけた土方のイメージ、幕府に殉じた男、士道を全うした男という偶像をぶち壊し、生の土方を書いてみたかった、とあとがきで述べている。箱館で死なず、フランスの軍艦に乗ってフランスへ行ったか、江戸へ舞い戻って女たらしのなまぐさ坊主にでもなったかして、明治に生きる歳三を描きたかったという。確かにこの作品の土方は破天荒である。女の私には分かりません。

土方像も変型してますが、近藤勇も悲しいかな、ここでは天狗になったバカ扱い。土方は芹沢のほうを買っていて、本当は彼を局長として残したかった、と。でも、芹沢では自分の思いどおりにならないし、お梅が自分には目もくれない、というのが、いたく土方のプライドを傷つけて、近藤ならどうとでもできるから、芹沢は殺しちゃおう、と。4冊目は芹沢暗殺から始まる予定だったのが、著者の急逝により全10巻の予定が、3冊で未完のまま終わってしまった、という。

まあ、たぶん全巻出ても、私は途中で挫折したと思う。人斬っちゃあ、女を抱く。人斬っちゃあ、風呂入り女を抱く。斬っちゃあ、風呂、女。人殺し、風呂、女。官能シーンがえんえん続きます。1冊目なんて内容半分はソレです。男ってこういうものなの？　教えて！　（長）

作中土方濃度
70％

NOVEL 38

「私も時代に流され、いつかは時代に葬られる」。問題です。これは誰のセリフでしょう？

■会津斬鉄風

森 雅裕（平7）

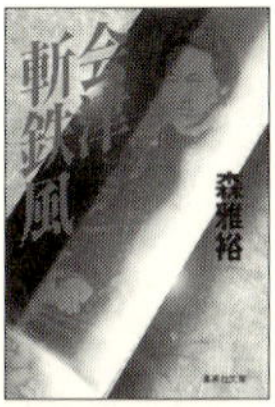

『〃』集英社文庫 514円
〈他『〃』（集英社）〉

主人公＆歳三

5編の話からなり、その回の重要人物が次の話の主人公になっていく。土方の登場するのは後半の2編であるが、困ったことに佐川官兵衛がとても魅力的なのだわ。

会津の金工師・春明の拵（こしら）えた刀の鍔（つば）から話は始まる。刀鍛冶の古川友弥が母の形見として持つ鍔は春明の作なのか、すり替えられたものなのか、という展開に、「ええ？ 土方は？ 出てこないじゃん。飛ばしちゃえ」と後ろから読んではいけません。春明はステキなひねくれ爺様です。そして友弥は、刀匠名を和泉守兼定（ご存じ、土方の愛刀！）という。その兼定の打った刀が妖刀と噂され、謎を解いていくのが第2話「妖刀愁訴」。会津で不遇をかこつ佐川官兵衛の謹慎が解け、いよいよ京へと出立することになる。官兵衛と兼定の交わす会話がいい。「薩長は秩序を破壊し、天下を私物化するだけだ。だからこそ、我らは家名にも古い秩序にもこだわるのだ。この動乱、わが方に不利だ。だが」、官兵衛の視線の先には夕景の鶴ヶ城。「この城が我らの守るべきものの象徴だ。俺はこの9年間で守ることが好きになった」。

私も守ってくださいー、とすがりつきそうになる。相手が違うゾ。第3話「風色流光」では、京の町で下田のお吉と出会う官兵衛サマに、またもや惚れてしまう。「だが、私も時代に流され、いずれは時代に葬られる」。これ、土方のセリフじゃないのよ。最後の2話で土方は登場するが、官兵衛がカッコよすぎて真打ち登場って気がしないんですよ。ホント困った。（長）

誠
作中土方濃度 40％

■タイトル上のマーク、形はカテゴリを、イラストは作品の主な内容を示しています
〈■＝小説・●＝コミック、土方歳三物語・新選組もの、群像劇・闘う土方・♥＝恋する土方〉

COMIC 34

故郷・多摩の朝焼けの色を士道の旗に採用するロマンチスト

● あかね色の風――新選組血風記――　車田正美（平7）

『NEVER END HEROES 2 あかね色の風 新選組血風記』
集英社文庫　619円
〈他『あかね色の風』（集英社）〉

主人公＆歳三

沖田総司の上洛前から池田屋までを描いているが、特に史実には沿わず、高杉晋作や岡田以蔵と関わりつつ成長していく物語。土方は上洛前は喧嘩屋で、上洛後は鬼副長。

そんな一徹な近藤さんがオレは好きだお前もそうだろ
はい
©車田正美／集英社

上洛前は行商ついでに女に手を出したり喧嘩屋と呼ばれたり、と「元気」な土方だが、上洛して新選組を組織すると己の士道にこだわり、それを貫こうとする「静」の土方となる。喧嘩と組織作りではギャップがあるような気もするが、彼にとってはどちらも誠の心、すなわち士道であり、あかね色に染めた旗はそれを象徴している。（今）

作中土方濃度 50％

NOVEL 39

願う事あるかも知らず火取虫

■ 新選組異聞 火取虫　絹川亜希子（平7）

『〃』
ジャンプジェイブックス　695円

土方の義兄・佐藤彦五郎の家で奉公することになった少女・きつの目から見た土方の優しさと苦悩を描く。蝋燭（ろうそく）の炎に飛び込んで焼かれた虫を見た土方は、羨ましい限りだと呟く。この後、武士になる夢を叶えるべく彼は浪士隊に飛び込んでいく。（浅）

作中土方濃度 100％

NOVEL 40

腫れ物があいつの顔に似てくるぜ

■ 新選組魔道剣　火坂雅志（平8）

『〃』
光文社時代小説文庫　品切れ
〈他『〃』（光文社）〉

新選組隊士たちが京の都の〝魔〟と出会う姿を描いた短編集。土方が主役の「古疵（きず）」は脚の腫れ物が人面疽（じんめんそう）となって彼を悩ませる。人を斬ることで背負った業と生涯戦い続けた土方の、心の闇を垣間見るようだ。（浅）

作中土方濃度 20％

NOVEL 41

これぞまさに戦うトシさま！　惚れ惚れしてしまいます…て、夢かいっ！

■土方歳三の鬼謀

柘植久慶（平8）

土方歳三の鬼謀 1
柘植久慶

『〃（全3巻）』ハルキ文庫　各667円〈他『〃（全3巻）』（PHP研究所）〉

主人公＆歳三

鳥羽伏見で勝ち、会津戦で勝ち、宮古湾で甲鉄艦の乗っ取りに成功する。いかにして土方は戦ったか。まさに鬼謀。向かうところ敵なし！　ついに蝦夷帝国の建国なる。

死んだ子の年を数える、という。覆水盆に帰らず、の譬え（たと）もある。馬の耳に念仏、猫に小判、弘法も木から落ちる……違うな。「もしもあの時」って言うでしょ。「たら」とか「れば」とかね。

もし、鳥羽伏見の戦で幕府軍が勝っていたら、とか、織田信長が本能寺で死ななかったら、もし、坂本龍馬が生きていれば、とかね。幕府は負けたんじゃあ！　信長も龍馬も死んだんじゃあ！　「もしも」は奇矯（ききょう）妖怪不思議の説ですって。軍中法度に触れちゃいますよ。

この小説が出た時、私は読んで「ふん」と思いましたね。だから、今のあなたの気持ちが、《本当のトシが知りたいの。史実追求モード》のレベル・ハイだったら、読むのはおやめなさい、買うだけにして。で、史料本読むのにも疲れてきて、なんか楽しい話はないかしら、とふと思う。その時こそこれです。現実の戦いは、鳥羽伏見の戦から幕府軍はどんどん負けていって、本読んでてもずんずん暗くなります。会津の戦いなんて涙ボロボロです。

でも、『鬼謀』では勝つの。痛快！

だいたい鳥羽伏見は兵力も幕府軍のほうが多く、勝とうと思えば勝てたはずなんです。勝とうとしないのだから始末が悪かった、と今作でも言っている。責任者、誰だ!?　（長）

誠
作中土方濃度
100%

■タイトル上のマーク、形はカテゴリを、イラストは作品の主な内容を示しています
〈■＝小説・●＝コミック、＝土方歳三物語・＝新選組もの、群像劇・＝闘う土方・♥＝恋する土方〉

イッキ読み！コラム

月刊『ダ・ヴィンチ』読者が見た新選組＆土方歳三

◆

文：編集部

追う総司、逃げる土方――！

小説の話ではない。月刊『ダ・ヴィンチ』が03年8月に読者を対象に行なったアンケートの結果である。

有効回答数477通のうち、新選組を「すごく好き」と答えたのが128通、「好き」が151通と、約60％の人が新選組支持。これはもちろん納得いく結果だが（ちなみに「大嫌い」は6通）、驚かされるのは「好きな隊士」の項（表1）。「新選組人気No.1はダントツで土方」の定説を破って、沖田総司が

土方歳三のイメージ

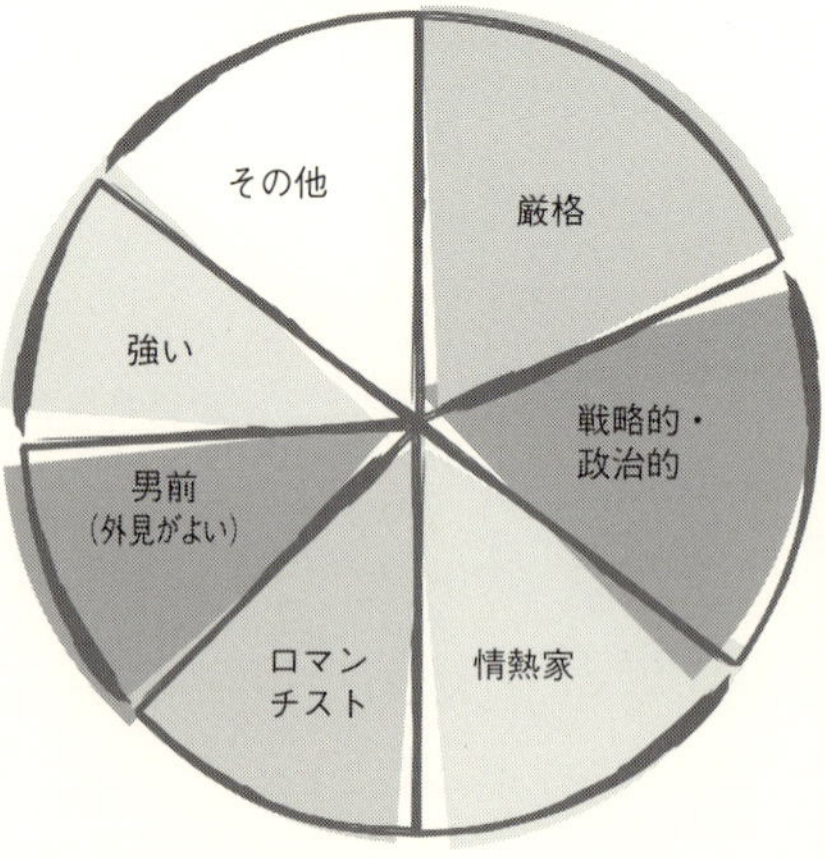

その他
厳格
強い
戦略的・
政治的
男前
（外見がよい）
ロマン
チスト
情熱家

1	土方歳三	316
2	沖田総司	260
3	斎藤 一	104
4	近藤 勇	101
5	山崎 烝	33
6	山南敬助	32
7	原田左之助	25
8	永倉新八	24
9	芹沢 鴨	9
10	その他	26

表1　好きな隊士

1	燃えよ剣	司馬遼太郎	134
2	風光る	渡辺多恵子	86
3	新選組血風録	司馬遼太郎	57
4	PEACE MAKER	黒乃奈々絵	35
5	壬生義士伝	浅田次郎	32
6	あさぎ色の伝説	和田慎二	29
7	天まであがれ！	木原敏江	21
8	黒龍の柩	北方謙三	15
9	るろうに剣心	和月伸宏	14
10	幕末純情伝	つかこうへい	11

表2　好きな作品

（すべて複数回答可）

追い上げているのである。こんなミーハーな調査は他で見たことがないので断言はできないが、7年前なら沖田総司、ここまでの頑張りは見せなかったはず。6年前……そう、『風光る』が始まる前は。

続いて表2を見てほしい。大人の読書人を対象としたアンケートにおいて、見よ！　この作品の人気ぶり。ラブ・ストーリー『風光る』において、主人公が片思いする相手が沖田総司。かつて草刈正雄が総司を演じてブームになった時と同じく、沖田が新たにアイドル化するのも無理はないところだ。また、ベストテンのちょうど半分がコミックである、という結果も、現在の新選組ブームの主たる担い手が誰であるかを示唆していて興味深い。

生き様に惚れた……あと顔

肝心の土方に対するイメージはグラフのとおり。好きな理由は「生き方！　まっすぐ走り続けたような生き方がカッコいい！　冷徹で策略家のイメージが強いがその実はいちばん心が熱い男！というギャップも魅力！　カリスマ的なその存在感にメロメロですっ！」（宮城県・女性・20歳・学生）、「生き様がカッコいい」（佐賀県・女性・17歳・学生）から、「個人の意地や面目ではなく、人を率いる者としての観点を保ち続けた」（東京都・男性・41歳・会社員）、「少し暗そうだが重厚」（兵庫県・男性・65歳・無職）と表現は様々。傾向を言えば男性は「生き様」、女性は「生き様と顔」に惚れているといえそうだ。ちなみに沖田総司のイメージは「天才」「夭折」「美形」。堂々3位に輝いた斎藤一は「生き残る」『るろうに剣心』。早逝しても生き残っても偉大な人は偉大、ということか。

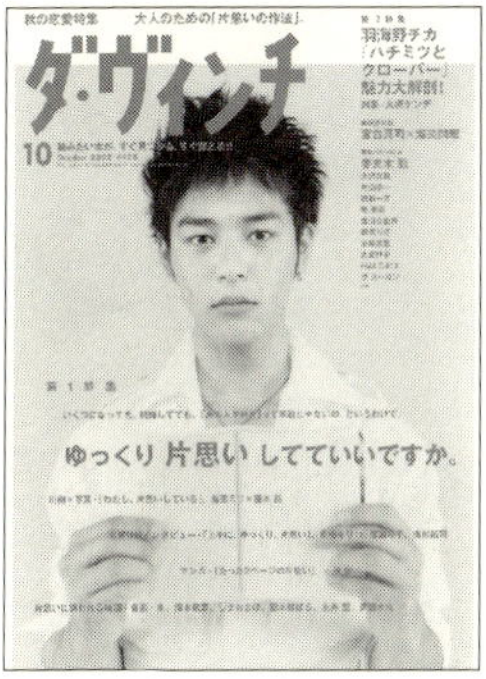

秋の恋愛特集　大人のための「片思いの作法」
ダ・ヴィンチ
10
羽海野チカ「ハチミツとクローバー」魅力大解剖!!
ゆっくり 片思い してていいですか。

読みたい本が、すぐ見つかる、すぐ買える!!　月刊『ダ・ヴィンチ』は毎月6日発売。本書のお兄さん（お姉さん？）雑誌です。メディアファクトリー刊、450円

COMIC 35

歴史の流れに忠実に、新選組の誕生からその終焉までを骨太に描いた労作

●新選組

黒鉄ヒロシ（平8）

『〃』PHP文庫　857円

主人公&歳三

史実に忠実に描かれた力作。肖像写真が残る人物はそれに従い、ない人物に関しては顔を描かない、もしくは縁者の顔から類推して描くこだわりよう。この一冊で新選組の通史が分かる。

他のマンガと違い、どちらかというと1枚の絵巻物を見るような形。従来の黒鉄マンガと思っていたら誤読する。細部にまで史実を感じさせる大変な傑作。ここまで著者が描くならば読み手も襟を正して読まなければ！

特に後半、近藤と別れてからの土方はもうめちゃくちゃカッコいい。確かに京都時代もいい。蛤御門の変で初めて甲冑を着て出陣するところなんかは、「俺たちヨロイ着てるよ」なーんて、すごくうれしそうでかわいい。

が、この作品では一組織を作り上げる参謀としての彼よりも、会津・箱館を闘い抜く土方のほうが必見。会津で白虎隊の少年たちと話をするシーンや、近藤・沖田に思いを馳せるところなんてのは泣かせどころ！　ああ、それにしても土方ってやっぱ軍服が似合う。

総司……
©黒鉄ヒロシ

なお、連作として『坂本龍馬』『幕末暗殺』がある。（今）

作中土方濃度 60%

COMIC 36

沖田と双生児の兄が苦悩し、最後に出した結論とは？

● 風の如く火の如く　新撰組幕末烈風伝　島崎譲(画)／鷹司(作)(平8)

『〃(全5巻)』
講談社漫画文庫　各650円

主人公＆歳三

沖田総司の生き別れた双子の兄・鷹ノ羽真九郎が主人公。公儀の影目付である彼が、本来なら敵の坂本龍馬に感化され、支持に回る。土方は脇役で、常に沖田とつるんでいる。

総司!?

沖田が双子だったとか、結局は思想の違いから兄弟で戦うことになるとか、結末が史実とは違うとか、そんなことはどうでもいい。とにかくこの土方は「熱い」。新選組という組織を作り上げた男として名を残すと高らかに宣言する。男らしいじゃないか！　少々ギャグもあり、沖田とじゃれ合う土方は非常にかわいい。(今)

誠　作中土方濃度 40％

NOVEL 42

侍になるにはどうしたらいいんだ？

■ 青春新撰組BARAGAKI！　秋月こお(平8)

『〃(全2巻)』
角川書店　各740円

主人公＆歳三

15歳のトシの周りには幼なじみの勝太、チビでこまっしゃくれたソーシ。すれ違う伊庭八郎も山岡鉄太郎もまだコドモ。そしてもちろん艶っぽいお姐さんたちが……。

石田村のトシは毎日不機嫌。顔は役者にしたいようなイイ男。しかし、その眼は世間を斜めに睨んだ三白眼。太閤秀吉だって百姓出だが天下を取った。男に生まれたからには、自分で自分の道を切り拓く人間でありたい。自分にはそれだけの力がある……はずだ、とトシは思うが、侍になるにはどうしたらよいのか分からない。イライラ鬱屈(うっくつ)したトシの信条は、「売られた喧嘩は買う」。バラガキトシは今日もボロボロ。石田散薬は売るより自分で飲んでる量のほうが多かろう。(長)

誠　作中土方濃度 100％

■タイトル上のマーク、形はカテゴリを、イラストは作品の主な内容を示しています
〈■＝小説・●＝コミック、＝土方歳三物語・＝新選組もの、群像劇・＝闘う土方・♥＝恋する土方〉

COMIC 37

沖田を見守り、そしてかばい……でも結局はヤッちゃう。ボーイズ初心者向きの佳作

●そして春の月

生嶋美弥（平10）

そして春の月
生嶋美弥

「〃」芳文社　562円

主人公&歳三

ボーイズ・ラブ系の連作もの。主人公は瞳まっすぐな天才剣士・沖田総司。土方はその相手。初めて人を斬る話や捨て子の話などいろいろありますが、試衛館メンバーほとんどあちら系といっていいでしょう。

苦手な人は苦手、好きな人は大好きというボーイズ系。そのなかでも王道なのが土方×沖田の設定でしょう。本作の土方は作者があとがきで書いているように、ちょっと〝寝癖〞のような髪型をしているが、スラッとしていて体格のいいお兄ちゃん。好感は持てます。何よりもボーイズなのにちゃんとチャンバラしているところがいい。沖田は天才肌の剣を使い、土方は実践的であるという風に、「剣士」を描こうとしている作者の気合いが見受けられる。

ま、なんのかんの言っても最後はヤッちゃうんだけど、割合ソフトな描写であるので、ボーイズ初心者には向いているかもしれない。なお続編として『約束の丘』や『散らない花』もあります。

それにしても今は、近藤・山南コンビまでアリなんだねぇ。

（今）

Ⓒ生嶋美弥／芳文社

誠
作中土方濃度
70%

COMIC 38

ポエマー土方は長髪美形！

花も嵐も！　水縞とおる（平10）

『〃（1〜）』
学習研究社　524円

花も嵐も！
水縞とおる

地球と似た、天球という名の世界が舞台のファンタジー系時代もの。熱い自作ポエムを朗じる土方も、ギターでロックを弾く近藤も、男の子なのに「ついてない」沖田も、すべてのキャラが美形！　話が盛り上がるところで中断している。続刊希望！（今）

誠　作中土方濃度50%

COMIC 39

本当に沖田をおんぶしたの？

幕末青春花吹雪　果桃なばこ（平11）

『幕末青春花吹雪（全2巻）』
ビブロス　各562円

幕末青春花吹雪

ボーイズ・ラブ。沖田は土方がだーい好きだけど、なかなか応えてもらえない。土方も憎からず思ってはいるものの、この恋の行方はどうなるのか!?　土方が沖田をおんぶするシーンが多いが、これがボーイズ系ファンのツボにハマるのだ。（今）

誠　作中土方濃度80%

COMIC 40

現代の会社社長と参謀に、この幕末企業は参考になる？

代表取締役 近藤勇　大石けんいち（作）・川崎のぼる（画）（平11）

『〃』
ビッグコミックスゴールド　552円

代表取締役近藤勇
作・大石けんいち　画・川崎のぼる

主人公&歳三

主人公は近藤勇で、彼の少年時代から死に至るまでを描く。土方は近藤の指導者としての技量に惚れ込み、旗本になる夢を叶えてやろうと協力する。新選組を一ベンチャー企業に見立てた作品。

川崎氏には『三条通りをぶらぶらと』という新選組ものもあるが、そちらの土方は月代（さかやき）を剃っているし、顔立ちからも一見して沖田に見えないこともない。本作では美男度も増しており、ちょっとホッとした。旗本への夢を持つ近藤と、幕府最強の軍事組織を作ろうとする土方の微妙なすれ違いが、新選組の終焉へとつながっていく。（今）

誠　作中土方濃度50%

■タイトル上のマーク、形はカテゴリを、イラストは作品の主な内容を示しています
〈■＝小説・●＝コミック、🏃＝土方歳三物語・👥＝新選組もの、群像劇・🗡＝闘う土方・♥＝恋する土方〉

COMIC 41

非難囂々（ごうごう）賛否両論空前絶後肥満沖田!? ある意味、最強の土方がこれだ！

サカモト

山科けいすけ（平11）

『〃（全2巻）』
竹書房　各590円

主人公&歳三

主人公は表題のとおり坂本龍馬……たぶん。というくらい幕末スター総出演。龍馬がいちばんマトモに描かれていて凡庸かも。それほど他の人物が強烈。土方はいい男なんだけど、いや〜な癖が。

いやもう、この土方を愛せなければ真の土方ファンではない！と言いきってしまってもいいだろう。彼はニヒルな二枚目だが女好きで、それにもまして沖田総司のもち肌が大好き。いってみれば「肌フェチ」。でもこの沖田が血ばっかり吐いている太めの青年で、お世辞にも美青年とはいえない。それでも彼は沖田が大好きなのだ。

土方は酔った勢いで近藤とも一発ヤッちゃってるんで、近藤のほうは土方が好きなんだけれども、相手にしてもらえない。顔は怖いけど礼儀正しいんだよねえ、この近藤は……人斬るのもとっても好きだけど（浪士じゃない人も斬っちゃうけど）。

こういう土方キャラ、沖田キャラは受けつけられないという人は修行が足りない。個人的にはベスト・オブ・土方です。

（今）

©山科けいすけ／竹書房

誠

作中土方濃度 20%

COMIC 42

天を突く竹のように、誰よりも強く、誰よりも侍らしく！

● 幕末風雲録 誠

伊織鷹治（平11）

1
幕末風雲録 誠
伊織鷹治

『〃（全5巻）』
少年マガジンコミックス　各390円

主人公&歳三

いかにも少年マンガな土方が主人公。百姓がイヤで仕方のない彼は、強い侍を目指す。現実の武士たちの腑抜けさ加減を目の当たりにしてたぎる思いを胸に、近藤と共に真の侍になることを夢見る。

そして新しき入門者
土方歳三
後 新撰組副長として
幕末に数多の伝説を残し
全ての志士にその存在を
知らしめる男・・・!!

故郷・武州には、子供の頃に植えた竹が天を貫くほどに育てば、その家の男子は強い武士になるという言い伝えがあり、土方もそれを信じて竹を植える。けれどそのわりには村々の人たちから「歳さん」と親しまれ、家業の薬売りも順調なんである。

それでも彼は武士を目指す。やみくもに。近藤も同じく竹を植えているのだが、彼のほうはむしろきちんと旗本だの直参だのという、徳川に忠誠を誓う武士になりたいのだろう。が、土方にとってそれはあまり意味を持たない。たとえば誰かに仕えるとかそういうのは関係ない。

強く、そして己の信じるものに筋を通す存在が、土方にとっての武士だったのだろうなあと、この作品を読んで改めて感じる。とにかく少年マンガにふさわしい熱さを持った一作なのだ。（今）

誠
作中土方濃度
100%

■タイトル上のマーク、形はカテゴリを、イラストは作品の主な内容を示しています
〈■＝小説・●＝コミック、🏃＝土方歳三物語・👥＝新選組もの、群像劇・／＝闘う土方・♥＝恋する土方〉

COMIC 43

ハード系ボーイズ・ラブ

新選組恋愛録 酔うて候　三軒屋チカ（平11）

酔うて候

『〃』まんだらけ出版部　８００円

作中土方濃度 **10％**

斎藤一と原田左之助のボーイズ系作品。土方は脇役でしかないが、もともと斎藤は土方狙い（！）だったので、それなりに土方もイイ雰囲気の顔立ちで登場。このふたりのカラミが見たかった！　けっこうハードなので苦手な方は要注意。（今）

NOVEL 43

新選組隊士に女はいらねえ！

いつの日か還る　中村彰彦（平12）

いつの日か還る

『〃』実業之日本社　２１００円

作中土方濃度 **10％**

ものすごく分厚い本で、一瞬読むのを躊躇（ちゅうちょ）した。島田魁が主人公なのは珍しい。一方で、土方の登場や活躍にはあまり期待できない。近藤なんかすごい性格悪い。明治期になって、榎本公の誘いを一蹴したという好漢・島田魁をこそ楽しみたい人に。（長）

COMIC 44

女の子はいつだって大好きな人のそばにずっといたいの！

幕末浪漫異聞　ほづみ有紀（平12）

幕末浪漫異聞
ほづみ有紀

『〃』りぼんマスコットコミックス　３９０円

主人公＆歳三

主人公は沖田総司。呉服屋の娘・綾乃が一目惚れしたのが沖田。突っ走る綾乃を描くラブコメディだ。土方は他の隊士同様、その他大勢でしかないが、要所要所をシメている。

表題作ほか『秘密の一さん』『誠・十番勝負！』の３本が新選組もの。久しぶりにかわいい作品に出会った。片思い、初デート、そして誤解と和解。どれも少女マンガの王道でしょう！　土方はカタギの娘を危ない時勢に巻き込むなといいながらもさりげなく沖田の恋を応援する風でもある。ああ、汚れちまった心には、甘酸っぱい恋がまぶしい。（今）

子供が 肩ひじ張って 生きてるんだ 生意気にもなるさ
でも 本当は 純粋でひたむきな やつだから
わかってやって くれな

NOVEL 44

国を捨てた者同士、面倒臭え話はやめるべい。お国自慢をし合った壬生の夏は二度と戻らない

■壬生義士伝

浅田次郎（平12）

主人公＆歳三

吉村貫一郎は、貧しさから南部藩を脱藩し、新選組に入隊した。「人斬り貫一」と恐れられた彼は、妻子へ仕送りのため守銭奴のごとく金に執着した。軽蔑する隊士もいたが、土方は吉村を認める。

『〃（全2巻）』
文春文庫　各590円
〈他『〃（全2巻）』（文藝春秋）〉

生涯妻子を持たず、ただ武士として死ぬことを選んだ土方歳三と、妻子のために人を斬り、最後の最後まで生き残ることを選んだ吉村貫一郎の人生は、まったく正反対のように見えて実は、義を貫いて生きたという点で相似形を成しているのだ。

土方は人々が吉村について語る思い出のところどころに現れ、強さと知恵を兼ね備えて義に篤（あつ）い、武士の鑑（かがみ）として称（たた）えられている。百姓や足軽の出でありながら、最後まで己の信じる道を進み、戦うことをやめなかった土方と吉村こそ、真の武士であり義士であったのだと著者は熱く語りかける。

自らの保身のために次々と逃げ去っていく同志を斬りながら、辛くて辛くて仕方がなかった、と吉村がその胸の内を明かしたように、冷酷非道という仮面を着け続けた土方もまた、同じ苦悩を抱えていたに違いない。吉村の息子の嘉一郎が箱館に赴き、五稜郭で土方に参陣を願い出る場面では、土方は彼を帰らせようと冷たくあしらう。しかし嘉一郎は参戦できなければ切腹すると粘り、中島三郎助に拾われる。中島の陣屋に向かう彼を見送った後、土方は「馬鹿につける薬はねえよな」と呟くのだ。

身分の違いや貧しさによって引き裂かれそうになる友情や、親子の絆を描きながら著者は、現在の日本人が失いつつある「人の義」とは何かを繰り返し問い続けている。（浅）

作中土方濃度
10%

■タイトル上のマーク、形はカテゴリを、イラストは作品の主な内容を示しています
〈■＝小説・●＝コミック、＝土方歳三物語・＝新選組もの、群像劇・＝闘う土方・♥＝恋する土方〉

COMIC 45

強くなりたい！その思いの強さは天下一品！

●バラ餓鬼 土方歳三青春伝

壬生ロビン（平12）

『〃（全4巻）』ヤングジャンプコミックス　各505円

主人公&歳三

惚れた女を死なせた負い目から、強くなりたいと願う若き日の土方を躍動的に描く。沖田が見た目、本当にお子様に描かれているが、それでいて剣の才能が光るというアンバランスさがいい。

若い、若いぞ歳三！

何をやりたいのか分からない、でも熾火（おきび）のように心の中でくすぶるものは何なのか。その正体が分からずにイライラとする――現代の若いヤツらと同じような歳三がここにはいるのだ。強くなりたいのは女のためか、はたまた若き日の近藤勇に勝つためか、もーどっちだっていいじゃん、俺は「強く」なりたいんだよう、って感じが全編に満ちている。

だいたいが、こんなに「バラガキ」時代の歳三を熱くクローズアップした作品があっただろうか？

2巻までが「少年編」、3巻以降が「青年編」となるのだが、思いの強さは「少年編」のほうが顕著で、読んでいて楽しい。清河八郎がまったく新しいキャラクターで登場。なんかとてもいい味の清河だ。他の人物たちのキャラ設定についても、従来にないかたちといえるだろう。

（今）

ザッ
道場破りの次は
追いはぎごっこかよ!!

©壬生ロビン／集英社

誠
作中土方濃度100%

特別
描きおろし

私の土方歳三 〈SHINYA〉

『優しそうで 眠そう』
新選組の漫画を描かせて頂く事になった自分が
初めて土方歳三氏の写真を見た時の感想です。
新選組にお詳しい原作者の工藤かずやさんから
彼が不眠症だったと言う事を教わり、納得しました。
かなり激しい活動をしていたとの事で、
ファンの大半が男性かと思い込んでいたのですが、
今回、女性に圧倒的な人気があると知り驚きました。
「THE EDGE新選組」は初連載で
さらに実在の人物もモデルに描くのも初めてですが、
女性ファンの厳しい目を意識しつつも
自分は自分なりに描ければと考えています。

Shinya

76年3月、日野市生まれ、A型。97年講談社ちばてつや賞大賞、99年講談社アッパーズ新人漫画賞大賞、01年小学館コミック大賞入選など数々の新人賞に輝く。初の連載『THE EDGE新選組』(『コミックフラッパー』)の単行本が03年11月発売予定(メディアファクトリー刊)。

NOVEL 45

すれ違う者すべてを視線で叩き斬ってゆく。バラガキのトシ、いざ京へと殴り込み

■バラガキ

中場利一（平12）

主人公&歳三

主人公は市ヶ谷にある天然理心流の道場・試衛館で暮らしている若き日の土方歳三。とにかく血の気が多くて喧嘩っ早い。まもなく近藤らと共に浪士組に参加し、京都に向かうことになっている。

『〃』講談社　1600円

表紙がまず秀逸。土方の写真にいたずら描きがしてあり、新選組の羽織を思わせる山型のギザギザが無造作に描かれている。バラガキとは茨のような鋭いトゲを持った悪童、もしくは餓鬼のようなヤツ、触るとケガさせられそうな危ない者のこと。『岸和田少年愚連隊』シリーズの作者らしく、若き日の土方の破天荒ぶりが、スピード感あふれる会話で綴られる。

喧嘩と女が大好きな暴れん坊であった彼は、奉公を二度失敗し、家伝の石田散薬の行商に出たことをきっかけに、近藤の道場に出入りするようになる。その同志たちと浪士組に参加した土方は、そこにいる全員に近藤を先生と呼ばせてみせるという野心を抱く。そして芹沢鴨との出会いによって、土方の巧妙な策士としての才能が開花し始めるのだ。

物語前半の土方は、喧嘩に明け暮れるどうしようもない不良だが、沖田との掛け合いがなんともユニーク。許嫁のお琴の前では、人が変わったように純情なのも笑える。しかし、近藤に政治を行なわせるため、その障害になるものはすべて排除するとの言葉どおり、新見錦を切腹に追い込み、芹沢鴨を自らの手で暗殺する後半の土方は、まったく揺れ動かず、悩まない。彼の迷いにいっさい触れないことで、残忍な場面もカラッとした印象である。時代の流れに身を投じ、池田屋に向かって走り出すラストが爽快。（浅）

誠
作中土方濃度 100%

COMIC 46

孤高の戦士は北の大地を駆け抜ける。近藤亡き後だけを描いてシリアス一直線

●北の獅子　真説・土方歳三伝

神田たけ志（平13）

神田たけ志
北の獅子 一
真説・土方歳三伝

『〃（全3巻）』
潮出版社　各533円

主人公&歳三

会津戦争以降、薩摩藩士の堀は土方を仇として狙い、間者として旧幕府軍に入り込む。その後、箱館へ同行するが、土方付の隊士・玉置良三はそんな堀に訝しさを否めない。

確かにタイトルには土方とあるし、出番はたくさんだし、孤高を保ってストイックでステキなんだが、内容は一言でいうと「冷めている」といったところだろうか。たぶんそれは、土方自身、すでに己の人生にすらも第三者的な見方をしていたからではないかと思う。

京都時代を敢えて省いているのは、その頃とは違う冷たさの土方をこそ描きたかったからと思えてならない。盟友・近藤を失ってなお、なぜ土方は闘うのか。その答えは「300年の恩顧がある幕府が倒されるという時に死を賭して抵抗するのは当然のことではないか」という、土方のセリフに凝縮されている。

本作はシリアス一点ばりなのだが、ひとつだけ土方が船酔いをするシーンがある。ここで笑っておかないと、あとはずーっと重い話が続くので見逃さないように。

（今）

第三話◆幕臣　榎本武揚

©神田たけ志／潮出版社

誠
作中土方濃度
70%

■タイトル上のマーク、形はカテゴリを、イラストは作品の主な内容を示しています
〈■＝小説・●＝コミック、＝土方歳三物語・＝新選組もの、群像劇・＝闘う土方・♥＝恋する土方〉

COMIC 47

あの名作がマンガで読める

天駆　森 秀樹／大佛次郎（構想）（平13）

『〃（全4巻）』
ビッグコミックス　各505円

作中土方濃度10%

ご存じ大佛（おさらぎ）次郎の『鞍馬天狗』が元ネタ。沖田が天狗と杉作を取り合っているような感じがおもしろい。近藤は人格者だが、土方はどこか、天狗にいいようにあしらわれているようで、原作が書かれた時代の土方像がうかがえる。（今）

COMIC 48

北の無宿者が斬る！

新撰組異聞 暴流愚―ぼるぐ―　芦田豊雄（平13）

『〃（1〜）』
少年画報社　各495円

作中土方濃度50%

無口な無宿者・暴流愚は新選組の別動隊として働くようになる。この不気味な男を扱う土方は冷静沈着、最強の集団を作るために手段は問わないという、とても「らしい」描かれ方をしている。池田屋事件まで芹沢存命なのはご愛敬（あいきょう）。（今）

NOVEL 46

戦はもう刀と槍だけじゃあ勝てないんです

歳三奔る―新選組最後の戦い　江宮隆之（平13）

歳三奔る
江宮隆之
新選組最後の戦い
誠

『〃』
祥伝社文庫　552円

主人公&歳三

主人公は土方歳三。鳥羽伏見の戦で、新選組として初めての敗北を味わう。近藤は甲府城を落とそうと進軍するも、新選組こそが徐々に瓦解していくのであった。

土方の人生を語るのに〝奔る（はし）〟というのはうってつけの言葉である。彼は最後まで戦い抜いて、風のようにその生涯を駆け抜けていったのだから。慶応4年、負傷した近藤の代わりに鳥羽伏見の戦に臨むが敗退し、江戸に逃れる。恭順か抗戦かに揺れるなか、近藤は甲府城争奪の野望を抱くも、官軍の前にあっけなく敗れ、新選組は解体へと転がっていく。彼らの華々しい時代を敢えて描かず、土方と近藤が次第にすれ違っていくさまを取り上げた点が斬新である。（浅）

作中土方濃度100%

NOVEL 47

五月に生まれ、五月の風の中、冥府へと駆け抜けた男がいた。優しい心を鎧(よろい)に包んで。

■土方歳三散華

萩尾 農（平13）

『〃』アース出版局 1524円
〈『散華 土方歳三』（新人物往来社）の改題改訂〉

主人公＆歳三

孤独な少年戦士を支えたのは姉・のぶ。鬼副長を守りたいと言ったさち。そして夢を現実にするために、まっすぐに生きてきた土方が本当はみんな好きだった。

芹沢鴨をその手にかけた時から、土方は戦士への道を歩むことになる。泣き虫で繊細、人一倍優しい心を堅い鎧(よろい)に包んで。

作者は京都の新選組時代をわずかな章で終え、作品の大部分を、戦場で戦う土方に費やしている。流山で彼はついに盟友・近藤勇との別離を迎える。近藤は知っていた。新選組を作ったのが土方であるということを。土方がいる限り、新選組は何度でも生まれる。

その昔、近藤も土方も武士にあこがれた。そして、そのあこがれを現実のものにした。だが大政奉還によって、つかみ取った夢は砕け散る。武士とは？ 近藤にとっては徳川家あっての武士だった。だが土方にとっては、地位や禄あるがゆえの武士ではない。武士道とはどうあるべきか、それは生き様の問題だった。

そんな土方を見守るように、その傍らには斎藤一がいた。沖田亡き後、土方のわがままを受けとめているのは斎藤だった。「俺はな、お前の中で生きる事にしたよ」と土方は言う。「忘れるな、俺を」と――土方を永遠に心に棲(す)まわせているこの作者でこそ、紡ぎ得た会話であろう。

個人的には、この作品での歳三の心情描写はちょっと感傷的すぎるようにも思う。だが、それこそが歳三への、言い尽くせない想いの深さに違いない。（長）

誠
作中土方濃度100%

■タイトル上のマーク、形はカテゴリを、イラストは作品の主な内容を示しています
〈■＝小説・●＝コミック、＝土方歳三物語・＝新選組もの、群像劇・＝闘う土方・♥＝恋する土方〉

COMIC 49

こんな人たち、タイムスリップしてきたら、どうする？

疾風迅雷

もりやまつる（平13）

主人公＆歳三

新選組の近藤、土方、沖田、原田が現代の日本にタイムスリップ！　4人は軍事訓練を受け、政府による非公式の特殊部隊として働くことになる。一方その頃、日本全土を震撼させる事件が……。

『〃（全5巻）』ビッグコミックス　各505円

タイムスリップものというのは数々あるが、この作品ほどリアルで迫力のあるものもそうないのではないだろうか。骨太の絵には熱くたぎる血が通っているようで、見る者を引きつける。土方はやっぱおしゃれに描かれていて、よろしい。

官房長官に現代日本の市中取締を命じられるが、それは表向きで、真の目的は日本の利権構造を潰すこと。だが土方はこの任務に真っ向から反対する。

それはなぜか。自分が自分の目で見たものしか信用せず、それこそを信念とするのが土方だからだ。21世紀に来てしまってもやっぱり彼は彼なのである。

とはいえ、ラストで我が身の危険も顧みず日本を救うところには、武士の意地が感じられる。幕末でも現代でも、正しい（＝義）という信念が必要なのだ、というテーマを根底にある据えた作品。（今）

アレを見ろ!!

誠
作中土方濃度50%

COMIC 50

現実と夢は紙一重

だんだら きら（平13）

『〃』マーガレットコミックス　390円

作中土方濃度 30%

斬られ役の青年俳優がいつの間にか幕末に入り込み沖田になっていたという、白日夢のような作品。敢えてきちんとした結末を描かずに読者の想像力をかき立てる。土方は暴れん坊の青年時代を引きずっているような、とても「まっすぐ」なキャラ。（今）

NOVEL 48

芹沢を倒せるのは、お前だけだ

沖田総司　非情剣 加野厚志（平13）

『〃』広済堂文庫　552円

作中土方濃度 20%

沖田は兄と慕う土方と共に芹沢鴨を討ち果たすが、逃がしたはずのお梅が斬殺されてしまう。京の都で次々と起こる殺人事件を追ううちに、沖田は真犯人が意外な人物であることを知る。「狂気と純粋さは紙一重」という土方のセリフが見事に生かされている。（浅）

COMIC 51

細部に注目、他の隊士も登場

親善組血風録 いしいひさいち（平14）

『B型平次捕物控』東京創元社　600円

作中土方濃度 100%

わずか13本の4コママンガだが、非常に細やか。新選組の京都巡察担当地区もきちんと史実どおりなのだ。誠の旗や局中法度など小道具でもギャグを見せる、さすがの職人技。同時収録の『幕末忍者無芸帖』も秀逸。（今）

NOVEL 49

彼もまた矛盾のなかを生きていた

土方歳三　修羅となりて北へ 岳 真也（平14）

『〃』学習研究社　1800円

作中土方濃度 100%

盟友・近藤を失ってからの土方の生き様は、あらゆる敵を打ち倒して進む阿修羅（あしゅら）の姿に重なる。しかし彼の残した俳句や短歌はそうした激しさとはほど遠い静けさと優しさに満ちている。本作の美しい各章題は土方の句歌から取られたものである。（浅）

■タイトル上のマーク、形はカテゴリを、イラストは作品の主な内容を示しています
〈■＝小説・●＝コミック、🏃＝土方歳三物語・👥＝新選組もの、群像劇・✒＝闘う土方・♥＝恋する土方〉

NOVEL 50

勝つか、さもなくば死あるのみ。敵に後ろを見せたなら、この首を斬れ

■歳三 往きてまた

秋山香乃（平14）

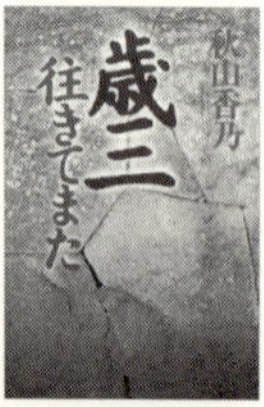

秋山香乃
歳三
往きてまた

「〃」文芸社 1800円

主人公＆歳三

主人公は土方歳三。近藤が伊東甲子太郎一派の残党に狙撃され、新選組に暗雲が垂れ込める。土方は近藤を守るべく東奔西走するが、時代は彼らを容赦なく追い詰めていく。

鳥羽伏見の戦に始まる本作は、土方の後半生における各隊士との交流を生き生きと描き出す。京の都での冷酷非道な鬼副長の姿は影をひそめ、敗戦を味わうごとに周りの者に対する彼の熱い思いは深まっていく。

近藤の死を知らされた土方は、一時は切腹しようとした近藤を引きとめ、結果として彼を新政府軍に渡してしまったことを嘆く。武士として切腹も許されず、斬首になったという事実を知り、「俺は一番大切なものをこの手で汚したのだ」と自分を責め続けた。それ以後、土方の内面は少しずつ変わり始める。特に年端（としは）もいかない少年たちへ、命を無駄にするなというメッセージを事あるごとに発するようになる。

沖田と同じ労咳（ろうがい）に侵され、苦しみから逃れるために殺してほしいと願う玉置良蔵に対し、土方は「死は残される者に残酷だ。死ぬなぞ言わずに、俺のために生きて欲しい」と告げる。そして沖田の形見である下げ緒を彼に預けるのである。

蝦夷の地でも土方は、次々と愛する者たちを失う。しかし弁天台場へ同志たちの救出に向かった土方を、死に急いだとは言いたくない。彼は生きるために戦いを挑んだ。そして彼は晴れて死という安らぎを勝ち取ったのだ。（浅）

誠
作中土方濃度
100％

COMIC 52

長州の間者の女と付き合う？　またそれを許す？　新選組副長が身なんぞ固めちゃいけないのだ

新選組沖田総司外伝

影山 光（平14）

新選組沖田総司
外伝
影山 光

『〃（全2巻）』
アクションコミックス　各571円

主人公＆歳三

主人公は沖田総司で、土方は沖田の兄のような存在。沖田と公家の九条兼忠との因縁話や、池田屋事件、沖田が初めて人を斬った話などで展開されるが、どれも悲壮感はなくカラリとしている。

一見して癖のある絵だが、読み進めていくと気にならなくなる。それは作者の新選組への愛が、全編を通じて感じられるからだろう。

「壬生恋歌」と題された前後編のエピソードでは、土方の付き合っている女が実は長州の間者であり、彼を夫の仇と狙っている。沖田もこの女に惚れてしまうが、土方の女だ、諦めるしかないと泣く。

結局、土方も沖田も自分たちを騙した女を斬ることができずに、故郷に帰してやるのだが、その女を思って詠んだ土方の句が「知れば迷い知らなければ迷わぬ恋の道」。史実にある土方の句が効果的に引用されている。

土方さんって意外とロマンチストなのよね。そんなところも女心をくすぐるのだろうなあ。（今）

新選組副長土方歳三
新選組が壬生狼と恐れられ血ぬられた殺りくの歴史を作ったその背後にこの男の存在があった

誠
作中土方濃度 40%

■タイトル上のマーク、形はカテゴリを、イラストは作品の主な内容を示しています
〈■＝小説・●＝コミック、＝土方歳三物語・＝新選組もの、群像劇・＝闘う土方・♥＝恋する土方〉

イッキ読み！コラム

「描かれた土方」大集合！

◆

文：今川美玖

土方歳三——。この本の表紙でもいい、扉ウラのシールでもいい。現存する写真をよーく見てみよう。うん、ちょっと耳が大きいかな。目は切れ長で鼻すじも通っている。髪は多めで少し撫で肩ぎみ、脚は長そうだな。ま、総じて言えば「いい男」である。

史料にも「役者のよう」とか「美丈夫（びじょうぶ）である」とあるので、もうこれは紛うことない「いい男」なんである。

そんないい男・土方をコミックではどのように表現しているのか。

まず少女マンガ代表のトップバッターは木原敏江氏『天まであがれ！』の土方歳三。作中で「口は悪いが絶え入るようなハンサム」と評されており、目元の色っぽい、声をかけられればもうこちらは舞い上がってしまうぞ、という御仁なのだ。まさに王子様だよなあ。

また岩崎陽子氏『無頼―BURAI―』の土方も美しい。艶っぽくて、かといってナヨナヨしていない。顎の線はあくまでシャープ、すてきなンである。

少年マンガの土方は伊織鷹治氏の『幕末風雲録誠』に集約されているように思える。登場人物のなかではいちばんの美形に描かれ、眉が太くて意思をはっきりと表しているような顔立ちだ。考えていることが顔中に表れている、という描き方こそ、少年誌のお約束でしょう。

さて、少年か少女かというカテゴリーには分けられないコミックが今は多い。どちらもが楽しめる内容なのだが、そのなかでは黒乃奈々絵氏の『新撰組異聞PEACE MAKER』が、いちばんカッコ

『無頼―ＢＵＲＡＩ―』

この迫力の瞳！　この作品ではみんな目がいいけど、う〜ん、見つめてほしい！土方サン！（作品紹介は72ページ。109ページに特別描きおろしも！）

©岩崎陽子／角川書店

表舞台に出るチャンス
土方 歳三
それで充分だ

では志士たち全員池田屋にあつまっているな

『天まであがれ！』
この美しさを見よ。これが少女マンガだ、これが王子サマだ！　やや少年ぽい沖田に較べ、今作では本当にダントツの美形（作品紹介は60ページ）。
©木原敏江／秋田書店

『新撰組異聞　PEACE MAKER』
不良っぽさ全開。バラガキにして、あくまでも美しい副長（作品紹介は74ページ。97ページに特別描きおろしも！）
©黒乃奈々絵／マッグガーデン

いい土方像を打ち出している。長い髪に細面（ほそおもて）の顔、時折光る鋭い目がすっご～くステキ！　小道具としていつもキセルをくわえているのもまた、今までになく「不良（バラガキ）」歳三をそのまま引っ張ってるみたいでよろしい！

青年向けでは、もりやまつる氏の『疾風迅雷』がいい。近藤や沖田よりも顔が整っていて、すらりとしたおしゃれさん。うん、いちばん現実の土方に近いかもしれない。髪型なんかも写真の土方に似てるし。現代にタイムスリップして洋服に着替えた彼ら新選組。で、土方が着るのが花柄のシャツというディテールも要チェックだ！

そして！　忘れちゃいけないのが、山科けいすけ氏『サカモト』の土方だ！　顔は山科氏のマンガでは二枚目の部類で、こう、いつも口元を片方上げているところが皮肉屋というか、土方の性格をよ～く表しているような気がする。それで、眼が笑っていない！　なにしろ人を斬る時と沖田を撫（な）で回してる時がいちばん楽しそうに見えるのである。

現実の土方は、近藤とひとつ違いなのに、三つ四つは若く見えたという。当時にしては背の高いほうで、眼がぱっちりしていて引き締まった顔をしており、おまけにむっつりしてあまり物を言わない人、だったそうだ。

写真が残っている人物をどのように料理するかは、そのマンガ家の腕次第なのだが、どの土方をとっても、「土方が好き」で「土方はいい男」という作者の思いは伝わってくるような気がする。どんな描き方をされても、土方歳三は何をおいても「いい男」で登場する。今まではそうだった。そしてこれからもそうだろう。さらに新たな土方歳三がカッコよく登場してくることを、ワクワクしながら待ちたい。

近藤さん！
京に放火し会津侯を暗殺せんとする決死の浪士が三条小橋の池田屋に集結しているぞ！

『親善組血風録』
本文ではスペースの都合で載せられなかったが、どうしても紹介したい、いしいひさいち氏の土方。写真に残る本物と、土方俳優・栗塚旭を融合したこの絶妙なバランスがすばらしい！
（作品紹介は142ページ）

そして新しき入門者
土方歳三
後 新撰組副長として
幕末に数多の伝説を残し
全ての志士にその存在を
知らしめる男・・・・!!

『幕末風雲録 誠』
意思、強そう。年上にモテそうなタイプです。さすが伊織氏、ツボを押さえてる（作品紹介は133ページ）。

アレを
見ろ!!

『疾風迅雷』
そういえば最近はこういう「チーマー（死語？）」ファッションを見なくなった。土方さんは花柄でもなんでも似合っちゃうけど（作品紹介は143ページ）。

『サカモト』
出ました真打ち！　このニヒルさ！　この不敵さ！　これですよ土方!!……性格にはちょっと……なんですが（作品紹介は132ページ）。

新選組の〝常識〟とは何か？ 〝定説〟は真か？

渡辺多恵子（マンガ家）×**山村竜也**（新選組研究家）**対談**

人気コミック『風光る』7つの挑戦

取材・脚注：今川美玖

新選組をテーマにした作品で今、あらゆる世代の女性から絶大な支持を得ているマンガ『風光る』。片思いという少女マンガ永遠のテーマもさりながら、自称「歴史オンチ」の作者・渡辺多恵子氏が丁寧な史実研究と大胆な仮説をもとに展開する緻密なストーリーが、人気を根底から支えている。

「史実」とは何か？　フィクションはどこまで自由に語っていいのか？

04年の大河ドラマ『新選組！』の時代考証も担当する新選組研究家・山村竜也氏と渡辺多恵子氏が「史実」と「物語」の境界をめぐり、それぞれの観点から熱く語った――！

挑戦1　女性であることを隠して新選組に入隊した主人公

山村　『風光る』愛読させていただいてます。
渡辺　そうなんですか？　やめてください～（笑）。
山村　いえいえ、とてもよくお調べになっている。

山村竜也

1961年東京都生まれ、A型。新選組研究においては日本で一、二を争う作家・歴史家。04年のNHK大河ドラマ『新選組！』では時代考証を担当。主な著書に『完全制覇新選組』（立風書房）、『真説新選組』（学研M文庫）、『新選組剣客伝』『目からウロコの幕末維新』『蒼狼の剣　グラフィックス新選組』（以上、PHP研究所）。

渡辺多恵子

東京都生まれ、AB型。マンガ家。1979年『和佳ちゃんの熱愛時代』でデビュー。主な作品に『ファミリー！』、『はじめちゃんが一番！』（第36回小学館漫画賞受賞）など。『風光る』（第48回小学館漫画賞受賞）は03年現在、『月刊flowers』で連載中。14巻を数えた単行本は総計200万部を超える（全作品が小学館より刊行中）。

渡辺　詳しい方に読まれることほどイヤなことないんですよ。

山村　まぁそうおっしゃらず（笑）。ところで、主人公の富永セイが女性でありながら女人禁制の新選組に入るという、このストーリーについて世間の声はいかがですか？

渡辺　少女マンガの新選組ものでは**お約束中のお約束**なので、描き古された設定だとはけっこう言われましたね。

山村　少女が男として振る舞う、というテーマの一群ですね。

渡辺　そうです。でも、その描き古された大嘘にいかにリアリティを与えるかっていうことには、めちゃくちゃこだわりました（笑）。まずお馬（生理）の問題は作中でクリアすべきことの第一条件に据えましたし、髪型にも前代未聞のチャレンジをしました。連載開始当初は総司ファンからひたすら嫉妬の的にされましたが、今では「あんなに頑張る子はいない。総司よりカッコいい！」なんてお手紙がセイちゃんにたくさん届きますよ（笑）。

山村　認知されたわけですね。ところで

先生の様な優しい鬼に
私もなりとうございます
————!!

こっ こっ こんな物で大丈夫なんですか!?
ズレたりとかモレたりとか…

「風光る」©渡辺多恵子／小学館フラワーコミックス（150〜169ページ）

お約束中のお約束

岩崎陽子『無頼―BURAI―』では会津藩家老の娘・高木時尾が、同じく会津がらみでは和田慎二の『あさぎ色の伝説』に同藩の石堂桜子が身分を偽って入隊している。木原敏江の『天まであがれ！』では主人公のこよりと蓉姫（このお姫様も会津の人だったなあ）が男装して隊士となっている。男装もせず、れっきとした女の子の姿でいるのは望月三起也『俺の新選組』の山崎烝（読み方は「やまざき・じょう」つまり山崎嬢なのだ）。

刀を捨てろ!
今の私は
誰にも
斬れない!!

富永セイちゃんこと神谷清三郎ですが、モデルはいるんですか?　似た名前の隊士には**富永政之助**という人もいますが。

渡辺　富永……そんな人もいましたか(笑)。「この人ですね」って断定してくる手紙も来ますけど、モデルはいないんですよ。ただ、総司の恋人が医者の娘だった、という伝承は多少、設定に含めました。

富永政之助

生没年不明。慶応3(1867)年頃に新選組に入隊し、鳥羽伏見の戦を経て江戸に帰還。その後、脱走したとも病死したともいわれている隊士。

挑戦2　新選組のファン一番人気・土方歳三を「黒子（くろご）」に徹させる！

山村　この対談は土方歳三を語る本に載るわけですが、『風光る』での土方の評判はどうですか？

汚え連中の事なんざ俺だけが承知してりゃいい

渡辺　叩かれました〜（笑）。連載開始当初は、「土方歳三はこんな性格じゃありません」とか「歳三にギャグをやらせるな」（笑）という手紙がホントに多かったですね。

山村　イメージが違う（笑）、と。幕末のスーパーヒーローとして描いている作品が多いなか、渡辺さんが描く土方歳三は、組織人として地に足がついている感じですね。

渡辺　歳三ファンに言うと「おこがましい！」と叱られると思うんですけど、私は隊士のなかで、土方歳三がいちばん理解できて、共感できる人間なんです。だから手放しの歳三礼賛には、「嘘だよ、そんな男じゃないよ」と思ってしまって。そういう意味では彼の捉え方は他の作家とハッキリ違うと思います。土方をメインに描く気にはなれなくて。

山村　ご自分に似ておられるので、面映（おもは）ゆくて主人公には据えられない、という意味でしょうか？

野暮な事言うない
たらし歴29年。
ひとりでなきゃ聞けねえ情報ってのもあるんだぜ

渡辺　そうですね。私、おそらくあの時代に男で生まれていたら、きっと近い生き方をしたと思うので、彼に対する「あこがれ」がないんです（笑）。それに、土方歳三については司馬遼太郎先生の**『燃えよ剣』**が語りきっていて、それで私も満足というところがあったので、これ以上描くこともないかと（笑）。でも**沖田総司**については物足りなかったから、私は私の総司を描けるかもしれない、と思ったことで『風光る』の連載が始まったともいえますね。

山村　そうした取捨選択のなかで『風光る』の土方像、沖田像があると。

渡辺　スーパーサブとしての土方が好きなんです。そう考えたほうが、あの死に方に至るまでが納得できる。史実といわれるエピソードをつなぎ合わせた時に最もナチュラルな土方を描いているつもりなんですけどね。

山村　それもまた強い思い入れですね。

渡辺　もちろん思い入れはすごくありますよ。

山村　髪型も途中でポニーテールから普通の髷（まげ）に変わったし（笑）。

渡辺　えっ、よく見てらっしゃる（笑）。

山村　あれはどうしてですか？

渡辺　連載開始当初はやっぱり、ドラマや映画の考証を信じていたのでポニーテールか

そうした方（ほう）を練（ね）りながら
剣（けん）を揮（ふる）う先生（せんせい）は
腹（はら）が立（た）つ程（ほど）楽（たの）しそう

沖田総司

『燃えよ剣』
言わずと知れた司馬遼太郎の名作。これで歳さまファンになってドツボにはまり込んだ人は数多い。

な、と。でも当時の風俗をちゃんと調べ始めたら、土方の粋でおしゃれなキャラクターにあの髪型はナシだと思っちゃったんです。まして幕臣を目指している人間だったら絶対、髷を結っているはずだ、と、思ったらもう「とにかく変えずにいられない、変えてやる！」と（笑）。

山村　それで無理やり、戦闘中に**浪士に切られた**という設定で（笑）。

渡辺　何か理由をつけなきゃいけないと思い（笑）。沖田総司について『風光る』では、おしゃれに無頓着な人間として描いているのであですけど、土方さんに関しては、もうちょっと史実重視、風俗考証重視で行こうと。

ちっ
うっとーしいな 髪が目に入りやがる

俺はきっと あんたを 大名にして みせるぜ

浪士に切られた

コミックス5巻105ページ。土方を仇と狙う女に騙され、浪士大勢に待ち伏せされて立ち回りを演じた土方が、ポニーテールを切られてしまい、ザンバラになる。

挑戦3　沖田総司が池田屋で「打ち倒れ」た理由は結核ではない

山村　では、次に伺いたいのが……。

（**編集部注**：この対談の2週間ほど前のある講演で、山村氏は**池田屋事件**について「『風光る』では沖田総司が闘争不能になったのは熱中症だったから、と説明しているが、やはり真相は**労咳**（ろうがい）**（結核）**のせいではないか」と発言、『風光る』ファンの間で物議を醸していた）

渡辺　池田屋ですね。山村さんの講演の後でさっそくチクリの手紙が来てましたから。「問いただすって言ってましたよ」って（笑）。

山村　いやいや（笑）、問いただすなんて。ただ沖田総司は後年、労咳で死んでいるわけですから、池田屋で倒れたのもそれが原因だと考えるのが順当だろうと思うわけです。

渡辺　池田屋事件を伝える最も信用できる史料は永倉新八の証言ですが、労咳とも喀血（かっけつ）とも、新八自身は書いてないですよね。新史料の『**浪士文久報国記事**』にも出ていない。

山村　「病気にて会所へ引き取る」、という記述でしたか。

渡辺　私、連載を始めてすぐにあの史料が発見されたことに運命的なものを感じたんですよ。もともと総司に池田屋で喀血はさせないつもりだったんですけど、この『報国記事』で永倉がもし「喀血した」と明言していたら、そう描かなきゃいけないだろうと覚悟してたんです。でもそうじゃなかったから、それが労咳である必要はないと確信できたんですね。

山村　確かに、喀血説を最初に明記したのは**子母澤寛**の『新選組始末記』ですね。それ

池田屋事件

新選組を一躍有名にした事件。元治元（1864）年6月5日、京都三条小橋の旅籠・池田屋に集まっていた浪士を襲撃したもの。新選組のドラマなんかだといちばんの見せ場で、浪士による階段落ちというお約束もあり。

労咳（結核）

結核菌によって起こる慢性伝染病。幕末の志士では高杉晋作もそうだった。明治以降の文学者にも多く、療養所（サナトリウム）文学なんかを生み出している。転んでもただでは起きない。

が後世に鮮烈なイメージを残したとはいえます。

渡辺　それは絶対そうですね。ドラマや映画でもここが見せ場になってるから、私も新選組を描くなら、そう描かなきゃいけないものだと連載前は思っていたんですよ。でも調べてみたら、池田屋事件から総司の**実際の死**までは4年もある。池田屋で喀血したという前提でリアリティを追求したら、『風光る』で私は総司の闘病記を描かなきゃいけなくなるわけです（笑）。それはイヤだから、他の理由で戦線離脱した可能性を調べ始めたんですね。

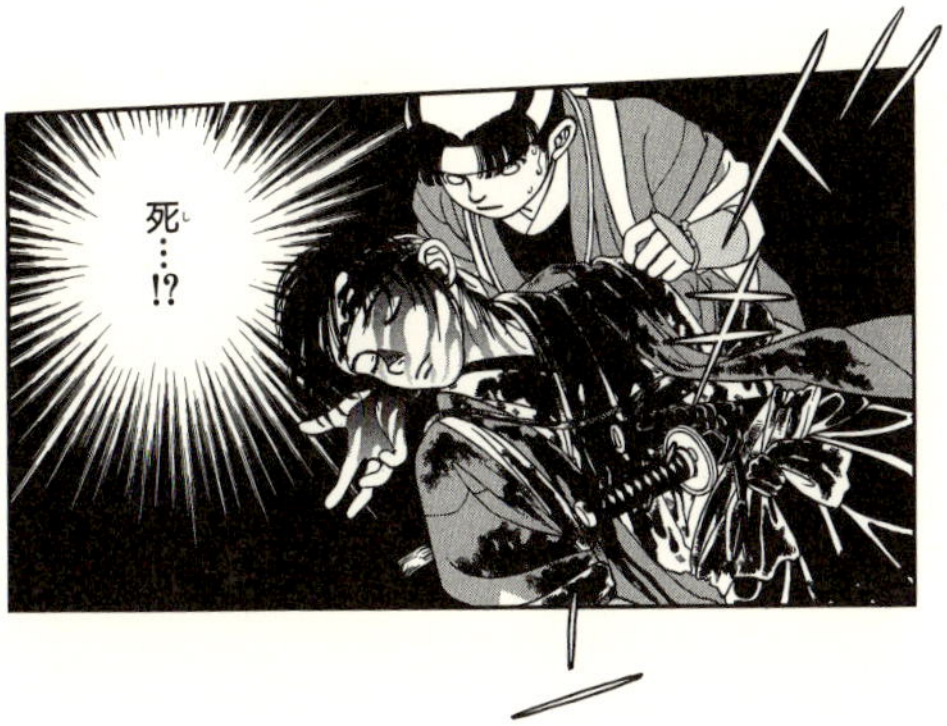
死…!?

山村　よほどの重症でなければ戦線離脱には至らないでしょう？　本人は離脱を拒否したでしょうから。

渡辺　ええ。だから気絶したという前提で考えました。山村さんのおっしゃる労咳が原因だとしたら、何がきっかけで気絶したと思いますか？

山村　喀血による体力消耗、ということになりますね。

渡辺　でも調べると、喀血で気絶するのはよっぽど出血量が多い、それこそ致命傷になるくらい血を吐くか、血を見て精神的なショックで倒れるか、なんです。沖田総司が血を見てショック、っていうのはないと思いますし（笑）。

『浪士文久報国記事』
平成10年に見つかった、永倉新八が新選組時代を綴った手記。明治期に維新研究家の松村巌に貸した後、行方不明になっていた代物（しろもの）。いや〜、平成の世になってもこういうのって見つかるのね。

子母澤寛
作家。「新選組三部作」といわれる『始末記』『遺聞』『物語』を著す。これらは新選組好きにとって必ず読んでおかねばならぬバイブルのようなもの。

実際の死
沖田総司は慶応4年5月30日、江戸の千駄ヶ谷にある植木屋の離れで死んでいった。享年27。

山村　それはないですね（笑）。

渡辺　**松本良順**の本を書かれた**篠田達明**先生、この方はお医者様で歴史作家なんですが、先生にも池田屋喀血について伺ったんです。そうしたらやっぱり、喀血によって気絶をした場合はすぐその場で処置をしないと窒息死してしまうし、それが当時できたとは思えないと。倒れている総司を誰かが見つけて運び出したということと喀血をどうしても結びつけようとすると、総司がその場で見苦しく暴れ苦しんだか、そのあげくに死んで運び出されたかのどちらかになるのでは、というご意見だったんです。そう考えるとやはり喀血は後世に加わった演出ではないかと。

山村　『風光る』では熱中症だった、という設定でしたね？

渡辺　ええ。日没後とはいえ、猛暑の京都で何時間も捜索に回り、あげく、空気のこもった室内であれだけの運動をすれば、そういう熱中症の症状が出てくるのも不思議ではない、と。篠田先生も信憑性（しんぴょう）のある説だと言ってくださいました。

山村　なるほど。確かに喀血説には時期的に早すぎるんじゃないかという弱みはありますね。ただ、それでも熱中症のほうが労咳よりも可能性が高い、とまでは言えないように思います。そもそも歴史的に何の記録にも残っていない病名を史実として認めるのは、難しいことですよ。

渡辺　それは分かります。私も物語のなかでつじつまが合うから熱中症にしましたが、それを史実だと認めてもらおうとは思いません。ただ、定説の労咳より、このほうが後の流れを見ても納得がいくと思うだけで。

山村　後の流れを見ればいっそう、新選組のなかで労咳で死んだのが明らかなのは、実

松本良順

医者。14代将軍・家茂の侍医でもある。新選組が好きだったようで、近藤勇に胃薬を調合したり、沖田総司の治療に当たったりしている。明治の世ではその実力を買われて初代の軍医総監に就任。

篠田達明

作家・医師。医学をテーマにした歴史小説を多く発表。松本良順の小説は『空の石碑――幕府医官松本良順』（ＮＨＫ出版）。ほかに『にわか産婆・漱石』（文春文庫）など。

ダ・ヴィンチ特別編集 4

『土方歳三 THE COMPLETE 副長「トシさん」かく描かれき』

●本書の発売をどうやってお知りになりましたか？

1. 新聞広告＝毎日・朝日・読売・日経・その他（新聞名　　　　　　　　　　　）
2. 新聞や雑誌などの紹介・書評欄で（掲載雑誌名　　　　　　　　　　　）
3. ラジオCMで　4. ネットで　5. 友人や知人に紹介されて　6. 書店で見かけて

●本書を購入された理由は何ですか？（複数回答可）

1. 土方歳三が好きだから（理由：　　　　　　　　　　　）
2. 新選組に興味があるから（理由：　　　　　　　　　　　）
3. 好きな作品が載っていたから（作品名：　　　　　　　　　　　）
4. 歴史小説・コミックに興味がある
5. 歴史全般に興味がある（特に好きな時代：　　　　　　　　　　　）
6. タイトルに惹かれて　7. 表紙に惹かれて
8. その他（　　　　　　　　　　　）

●本書に対する要望で、当てはまるものに印をつけてください（複数回答可）

□ 十分に楽しむことができ、満足している
□ レビューで紹介した作品が多すぎた（古いものがある・テーマが異なるものがある）
□ レビューで紹介した作品が少なすぎた
□ 面白い記事があった（タイトル：　　　　　　　　　　　）
□ 面白くなかった（読みたかったものは：　　　　　　　　　　　）
□ 同シリーズで特集してほしい人物がいる（その人の名前：　　　　　　　　　　　）

● 本書に対するご意見・ご感想などありましたら、ご自由にお書きください。

お忙しいなか、アンケートにご協力いただき、ありがとうございました。今後の出版の参考にさせていただきます

郵便はがき

お手数ですが
50円切手を
お貼りください

150-0002

東京都渋谷区渋谷3-3-5
モリモビル

(株)メディアファクトリー
『土方歳三 THE COMPLETE 副長「トシさん」かく描かれき』
愛読者係行

ご住所 〒 -

TEL ( ) e-mail

フリガナ
お名前

男・女

年齢
歳

ご職業
1. 会社員 2. 自由業 3. 自営業 4. 公務員 5. 団体職員 6. アルバイト
7. パート 8. 主婦 9. 短大・大学 10. 専修・各種学校 11. 高校
12. 中学生以下 13. 無職 14. その他 ( )

は沖田総司しかいない、という史実に研究者としてはこだわるわけです。慶応元年の松本良順による**隊士の健康診断**で、労咳患者がひとりだけいたことが記録されていますよね。労咳で死んだ唯一の隊士である沖田と、この1件の症例が結びつく可能性は決して低くないと思うんですよ。

渡辺　私はその労咳患者は総司とは別人だと思っています。重症の労咳患者への当然の処置として、良順はこの隊士を脱退させるのが自然だと思うので。その後も他にひとりの感染者も出なかったのなら、よけいにこの伝染病患者を隊に残したとは思えません。

山村　では池田屋事件後に起こった**禁門の変**について。これに総司が病気のために参加

ホントだぁぁ
熱い―――っ
生きてる
―――っっ!!
さら…

隊士の健康診断

慶応元年、松本良順が西本願寺の屯所を訪れて行なった。その後彼は、週2回のペースで往診し、山崎烝などは応急手当の仕方まで習ってしまい「私、新選組の医者ですな」とまで言っている。看護士くらいだと思うが、当時は名乗りたい放題だったのだ。

禁門の変

元治元年7月19日、池田屋事件に怒った長州藩が御所に攻め入った戦争。新選組も出動した。

していないと『浪士文久報国記事』に書かれています。これが総司が池田屋で結核のために倒れたとする私の最大の根拠なんですが、その点についてはどうお考えですか。

渡辺　**西村兼文**は総司も出陣していたと残しているので作中でもこの説を採りましたが、熱中症というのは実はとてもぶり返しやすい病気なので、新八の説を前提で考えるとしても私は熱中症でOKだと思っています。

山村　確かに熱中症や他の病気であったという可能性がないわけではありませんが、池田屋で他の同志や敵も含めてみな同じ条件であったなかで、総司だけが突然熱中症で倒れるというのは、私としてはやはり偶然すぎるように思えます。

渡辺　だから私は総司が日中に凧揚げをしていたという伏線を張ったんですが、他にも寝不足だったとか風邪気味だったとか、「総司だけの当日の事情」を否定する材料もないですよね。

山村　それはそうですけどね。

渡辺　運動部などでの熱中症の事例でも、同じ条件下の練習であっても複数の人間が同時に倒れることは意外に少ないんだそうですよ。

山村　そこまで調べてらっしゃる（笑）。そういう発想はなかったですね。いや、おもしろいです。

挑戦4　池田屋の「あの階段」は表階段ではない！

渡辺　ちょっと気になるんですが、『新選組！』では池田屋事件のあった、志士が会合していた部屋はどこと設定されているんですか？

西村兼文

西本願寺侍臣。西本願寺にお勤めしていたので、その頃の新選組をいくぶん苦々しく観察していた。明治になって『新撰組始末記』を著す。ちなみに西村のは撰、子母澤は選。

だだっ
!!
お二階の皆様っ
旅客改めにございますッ!!

山村　その部分の台本はまだ見ていないです。でも、私の見解では2階の奥の間。

渡辺　あ、やっぱり奥の間でいいんですね？　表座敷じゃなく。

山村　いや、私の見解ですけど。『浪士文久報国記事』の発見以降はそう思っています。

渡辺　よかった！　だって表座敷、っていうのがずっと定説で……だけど私は、自分で絵にしようと思った時に「そんなワケがない」って思ったものだから。

山村　というと？

渡辺　間取りを見て、「この表座敷で戦闘が始まっていたら**近藤勇が無傷**なはずはない」と。志士たちの逃げ場がないから、全員が彼に向かって突進していくでしょう。近藤さんが生き残れるわけがない。要するに絵の描きようがないんですよ。それで、可能性としては絶対奥だな、奥だったら裏庭に逃げられるから、と考えて。

山村　永倉新八の『浪士文久報国記事』でようやく「奥の2階」という証言が出てきたんですよね。

渡辺　そう。私は勝手にそう設定しようとしていたから、ちょうど新八が奥とはっきり書いてくれていたのを見て「やったー！」と（笑）。大威張りで描いたんで

近藤勇が無傷

そう、無傷でした。強いぞ、近藤！「なんたって私の刀は虎徹だもん、刃こぼれひとつしなかったさ」、という内容の手紙が残っている。

すけど、読者は誰ひとり気づいてくれなかった（笑）。

山村　いや、私は気づいてましたよ。あのシーンで、**池田屋惣兵衛**が奥まで駆け込んでいたから。

渡辺　スゴイ。やっぱり読み方が違いますね。間取りまで頭に入ってらっしゃる！

山村　でも、研究家の間でも奥座敷説を採っているのはいま私だけなんですよ。誰も奥とは書いてない。

渡辺　なんでですか？　新八があんなにはっきり書いてるのに。

山村　**新八が書いてもな**、って感じじゃないんですか（笑）。だから使用した階段も、従来の説は違ってると思いますね。2カ所あったんだけど、どの本や映像でも表階段を使ったことになっている。いわゆる「階段落ち」の階段ですね。

渡辺　私は裏階段から昇らせました。

山村　『風光る』ではそうですよね。私も逆に、惣兵衛が奥に駆け込んだコマのことが気になってたから、今日聞きたいなと思ってたんですよ。

渡辺　あのコマに気づいてくれる人がいるとは思いませんでした。すごい昔からの新選組のファンですらも誰も気づいてくれなかったんで悲しいなーと（笑）。まぁ、確かに自己満足だけなんですけどね。

山村　いや、そういう細部の描写が大事なんですよ。

渡辺　そうですね、ちゃんと史実を考える方にはすごく大事なんでしょうけど、少女マンガの読者にとってはぜんぜん大事なことじゃないんで（笑）。

山村　そう……なんですか？

池田屋惣兵衛

旅籠・池田屋の主人。確かに池田屋は長州藩の定宿だったが、浪士に部屋を貸したばっかりに近藤に殴られ、気絶していちどは逃げたけれども奉行所へ連行され、ついには獄死してしまった。かわいそうに。

新八が書いてもな

新八の書いたものには誇張表現が多くて、真贋の判断が難しい。生き残った者の勝ちってことですね。

渡辺　もう「総ちゃんどうなるの？」が最優先で（笑）。

挑戦5　斎藤一は片思いに身悶える会津のスパイ（右利き）

山村　最近、巷のファンを増やしている副長助勤・斎藤一ですが、彼が会津藩から送り込まれた人間だ、というのはご自身の見解で？

渡辺　いろいろな説があるなかで「**会津隠密説**」がいちばんおもしろいと思ったんです。

山村　確かに興味深い説ですからね。

渡辺　『風光る』のなかでつじつまが合わせやすかったし、斎藤一というキャラクターがおもしろく立ち上がると。**斎藤さんに関する諸説**は「これが史実」と選びきれないところがあるので。

山村　確かに会津隠密説を採れば、戊辰戦争で最後まで会津に残ったこともうなずけるし、いろいろな事象が通ってくる気はします。ただ最近の研究では、「斎藤一は試衛館の頃からいた説」が強くなってはいますよね。

渡辺　「京都で入隊説」よりも若干、信憑性があるとは思います。でも、新選組の幹部が全員、試衛館時代か

のう斎藤？
お見事にございました
あれー？斎藤また厠かな

会津隠密説

斎藤は会津藩が新選組に送り込んだスパイであったという説がある。斎藤の行動には、いつも会津の影がちらついているのが根拠になっている。

斎藤さんに関する諸説

斎藤がいつから新選組にいたのか、ということに関しては、けっこう謎だったりするのだ。「試衛館の頃から皆と知り合いだった」説、「京都で入隊した」説などある。

らのメンバーだというのもつまんないな、と思って（笑）。それに京都に来て
た理由が特殊じゃないですか。それを活かそうと思ったら試衛館から描きおこすのはかえってうっとうしいと。

山村　なるほど、それと注目されるのが、斎藤のキャラクター設定。実に個性的な描き方ですよね。従来の斎藤像と違う独特の……。

渡辺　私、「従来の斎藤一」を知らないんです。他のフィクションを読むとどうしても影響を受けてしまうので、いっそ歴史資料から読み取れる人物像だけでキャラクターを作ろうと。今では大人気の彼ですが、最初はやっぱり叩かれましたよ（笑）。最近は「どうして左利きじゃないんですか?」って問い合わせがなぜか多い（笑）。

山村　ああ。ＮＨＫでも左利きという設定にしたかったようです。

さっ斎と…
今内容把握
なんだとこやつら〜〜〜!?
斎藤一 心の声

きええええええ——っっ!!
ぶんぶん
敵はかなり手強いらしい（笑）
ぶん
神谷の寝息

渡辺　「斎藤一左利き説」の出所はどこなんですか?

山村　これも子母澤寛ですね、**『新選組物語』**。

渡辺　なんで皆、そんなに左利きにさせたがるんだろう（笑）。武道の精神から考えたら、左利きの武士だからといって右側に佩刀したりするのはリアリティのない話だと思うのですが。

山村　左利きの人間は当時もいたでしょうけど、だからといって刀を逆に差して、逆に持って振るうわけではありませんからね。

渡辺　うちに届いた手紙ではご丁寧に「普通は許されないんだけど、斎藤一だけは特別にそういう風にしていた」というのもあって（笑）、そこまで言われると考えちゃいますけど、居合とか殺陣をやっている人も「あり得ない」とおっしゃってたし。

山村　剣道の決まりごととして、あり得ないですね。時代考証をするうえでも、そういうことは重視しています。

うわーあにうえー
……最悪……
ふー……

……ふっ
少し酔っているらしい（笑）。

『新選組物語』

子母澤寛の三部作のひとつ。ここに「斎藤が左利き」という話が出てくる。ある隊士が斬られて死んだが、これが左利きの太刀筋であった。それを見た別の隊士が「斎藤君、君と同じ左利きだよ」と一言。このセリフで「斎藤左利き説」は広まってしまった。

挑戦6　土方歳三と山南敬助の間に友情はあった

山村　新選組ファンを最も悲しませる**山南敬助の脱走と切腹**ですが、『風光る』では倒幕を主張する伊東甲子太郎と近藤勇たちとの板ばさみになって、皆のために自分が消えていくことを山南自身が選んだ……という描き方ですね。あれは、どこからのご発想ですか？

渡辺　デッチ上げですよ、もちろん（笑）。あの流れが最もつじつまが合うと思って。山南脱走については理由が確定できる史料がありませんよね。でも、私は少女マンガ家ですから、リアリティがあってつじつまが合えば、基本的には裏付けがないことでも描いていいのがマンガの強みだと思うんですよ。その点、史料から読み解いていく研究家のお立場ではどうなんですか？

山村　私はやっぱり、**近藤・土方らと対立**して隊の路線から外れたから、山南は脱走せざるを得なくなったと思っているんですけどね。

渡辺　「仲が悪い説」ですね（笑）。

山村　『風光る』もそうですが、山南が局中法度に違反したため、他の隊士たちの手前もあって近藤らはイヤイヤ処分した、と描かれる物語が多いですよね。ただ、どうも彼らの対立を見ているとイヤイヤという感じがしない。

渡辺　試衛館からずっと一緒で、生死を共にする覚悟で**上洛した**彼らが、殺し合うまでに仲が悪くなる、というのがまず私は納得できないんです。

山南敬助の脱走と切腹
脱走したのは慶応元年の2月23日。同日夕刻、屯所である前川邸で切腹した。

近藤・土方らと対立
尊王（天皇を尊ぶ）思想は共通であっても、あくまで佐幕（幕府側）の近藤らと、倒幕思想を強める山南とでは相容れなくなっていた。

上洛した
近藤勇を筆頭に、土方、沖田、井上、山南、原田、永倉、藤堂の試

あれが…
あれが幕府のやる事なのか――?
山南さん…

山村　もうそれは「尊王」「佐幕」という思想対立ですね。江戸を発つ時点ではその違いは差し迫ったものではなかった。でも京都に上ってふたつの思想が相容れなくなって、どちらかといえば尊王思想に篤い山南と、佐幕思想に傾いた近藤・土方とが対立していく、というのは、まあしょうがないと思えるんです。

渡辺　私も基本的にはそういう解釈です。当時の人はみんな尊王意識はあったわけですよね。そこから佐幕、倒幕という選択肢が出てきてしまった、と。

山村　そうです。

渡辺　『風光る』の山南も、もう幕府はダメだと見切りをつけるんですが、そこからはああいう解釈でもいいと思うんです。「**出たな、九尾の狐！**」みたいな不仲説って、なんだか芝居じみていて信じる気になれなくて（笑）。土方とも憎み合ってはいなかったと思いたいし……。

山村　**土方の俳句で表現**してらっしゃいましたね。

渡辺　こういう流れがいちばん幸せでいいかな、と思いました。できるだけ幸せなものを描きたいと思

衛館道場の8人が一緒だったとされる。ちなみに山南は上洛してわずか2年で切腹。

出たな、九尾の狐
『新選組始末記』で山南は、切腹の際に顔を出した土方を見てそう叫ぶ。土方が近藤をたぶらかしたと信じていた山南が、唐天竺と日本の帝をたぶらかした女が実は尾を9本持つ狐だったという伝説になぞらえて土方に放ったセリフ。

土方の俳句で表現
コミックス4巻105ページ「水の北、山の南や春の月」。『豊玉発句集』にあるものだが、土方の句って〝見たまんま〟が多すぎ。

っているので、甘々の解釈ではありますけど、最終的な史実には合ってるってところで勘弁してね、と（笑）。やっぱり娯楽作品、それも少女マンガですから。

挑戦7　現在14巻。新選組もの少女マンガ、最長不倒記録

山村　その、少女マンガである『風光る』を連載開始されてから……。

渡辺　7年になります。

山村　もうそんなになりますか。

渡辺　とりあえず新選組マンガの最長不倒記録を樹立するのが目的だったんで、5巻を超えた時は感動しました。自分で「よくぞここまで」と（笑）。

山村　どうしても**悲壮なエピソード**が多くなりますから、少女が読み続けるには辛いんでしょうかね。

渡辺　おかげさまで続いているのは、少女マンガとして成立しているからじゃないかと思います。ヒロインが**えんえんと片思い**している物語。最近は「とっとと先行けよ」と、言われることも多いです

つたく局長が留守だと思って気い抜いてやがると切腹させるぞ!!
土方君それはないよ君が留守なのならともかく

……
この人の夢を

が（笑）。
山村　沖田総司と両思いになれ、と？
渡辺　「総司の野暮天ぶりには付き合いきれない」「連載が終了してからまとめて読みます」とか（笑）。最近はラブストーリーでも早い展開を望む読者が多くて。
山村　続きを楽しみにしています。頑張ってください。

たった
これだけの事で
私は笑って
死んでいけます
応えなければ
死んだものと
承知します！
――はい!!
――そして
私の屍を越えて

悲壮なエピソード

暗殺とか隊規違反とか戦争とか、いろいろありますが、ネタバレになりますので……。

えんえんと片思い

まさに定番！　あくまでもヒロインは好きな相手に対し「振り向いて」と願っているだけで、ゆめゆめ押し倒したりしない。こういうリリカルで切ない思いが爆裂するのが本来の少女マンガのあり方であろうと筆者今川は考えます。

〃優しい鬼〃の夢をみた——土方歳三の虚実

『土方歳三散華』などの著書で知られる萩尾農氏は自他ともに認める土方歳三ファン。彼を愛する創作者の立場から、土方の実像と虚像、その移り変わりを振り返る。

萩尾 農（作家）

新選組の土方歳三——といえば、「冷酷非情な鬼副長」と形容されるが、実は優しい歳三の風評は、どこでどうして変わっていったのだろう。

新選組の入門書ともいえる子母澤寛氏の『新選組始末記』には、土方副長が「鬼だ」などとは書いていない。

「もの優しい顔で、後年はなかなか尊大な態度になったが、その頃は如才ない愛嬌者だったので、何処でも親切に扱ってくれた」と、多摩時代の歳三を書いている。

上洛間もない頃、屯所に届いた恋文を小包にして故郷に送った——そんな茶目っ気のある、気のいい男である。だから、後に「新選組の鬼」の噂が故郷に伝わったとき、「あの優しい男がなぁ」と多摩の人々は信じなかった——と記述されている。

確かに、新選組副長・土方は苛烈であっても、歳三は優しい男である。病のために婚家から帰された姪（めい）には帰東のときだけでなく、京から何かと品物を送ってやったりしている。そういう細かいことに気が付く男であるから、あるいは、烏合（うごう）の衆を束ねる役どころに就くと、「鬼」になるのかもしれない。『始末記』には池田屋事件を前にしての古高の拷問などが書かれているから、そこから「鬼の土方」が誕生したのかもしれない。

土方歳三を世に知らしめたのは、司馬遼太郎氏の『燃えよ剣』だろう。いざ引っ張り出してみると土方の生き様は、あるいは途中で降りたと解釈されてしまいそうな近藤勇よりもずっとカッコよく、また、眉目秀麗を絵に描いたような（いや、写真にした）遺影の登場も相乗効果を生んで、歳三はアッという間にスターダムに駆け上った。創作物であるのに、恋人のお雪は実在していた、と、勘違いするファンもいるほどだ。

大いなる拍手を以て迎えられた『燃えよ剣』の歳三――故郷では、彼なりの哲学を持って女遊びをしている。そのくせ、ちょっと恥じらったり、照れたりの好青年である。そうなのだ、土方はそんな風に可愛いところのある男だったのではないか――。うまいとはいえない（まるで交通標語のような）俳句を上洛時にきちんと綴じて実家に残した。その所作とその俳句に土方の素がそっと、隠されている。

映像では、栗塚旭さんが土方を演じて多くの共感を得た。栗塚さんは監督から、とにかく笑わないように、と言われたそうである。そういえば、この土方歳三は確かに笑顔が少ない。

テレビ東京が5時間時代劇にした『燃えよ剣』では、役所広司さんが演じた。役所さんに土方の演じ方の話などを聞かせていただき、本の一部としたことがあるが、「やりたかった役」とご本人が言うだけの熱演だった。

特に多摩時代の歳三は「こんなだったのだろうなぁ」と、観る側の想像を膨らませる躍動感があった。お雪に対する、まるで少年のようにシャイなところなどは、役所さん本人の含羞と混ぜ合わさっていて、ふいと微笑みが涌いた。だが、土方はここでも「鬼」ではない。

司馬氏とは双璧をなす時代小説の名手・池波正太郎氏も土方を描いている。『色』という短編をきっかけとして、その後、池波氏は新選組を主題とした小説を書くことになったという。氏の母親が齎した素材——土方の馬丁を務めていた男の息子が、池波氏の祖父へ「土方歳三の色女は、京都の大きな経師屋の後家さんだったそうだよ」と、話したという——それだけのことが執筆意欲をそそったと、池波氏は語っている。さらに生き残りの者の話として、「土方は美男だが（いうまでもなく、土方ファンのなかには「とにかく顔が好きだ」という人々が多いのは事実）、隊士には疎まれていた」という記述があり、そういう風評が積もって土方歳三のイメージを創り上げてしまったのだろう——と、池波氏は言い、王政復古の大号令後に京を引き上げる場面で、土方に人間らしい弱みを出させている。

そして最近、また新たな土方歳三が出現した。『黒龍の柩』だ。

蝦夷に行ってからも小舟で青森に渡ってきたかと思えば、そのまま江戸に行き、勝海舟と会ったり、逝った沖田総司の代わりに中村半次郎と斬りあったり、女などが入り込む隙のない、行動力抜群の土方である。勝海舟が、坂本龍馬提案の大いなる計画の一員に新選組副長を加えるほどの頭脳明晰さ。その土方の胸の底には、死んでいった山南敬助の想いが、自らの願いのように存在している。

土方にも山南にも徳川の先が見えていた。だから、これからの新選組と隊士たちの道を考え続けた。それは実は山南敬助とともに見つけていく道だったのだが、山南は死病を抱え、「おまえをひとりにして済まんと思っている。若い者たちも、おまえに頼るしかあるまい。近藤さんは、頂点に立ち続けようとするだろうからな。それは、時には滅びにつながってしまう」と土方に言い置き、屯所を出ていった。友情が切なかった。

この歳三さんは、ものすごく強い。縦横無尽に斬りまくる。

そのくせ、病に倒れた沖田に手練れと対峙させてやりたい、手練れならば、相打ち。もはや、そういう死を望んでいる沖田の願いを叶えてやりたい——と思う男の優しさを持っている。

しかし。安易に〝男の優しさ〟などと言ったら、北方謙三氏に「いや、男というものは、ね」と10年以上も昔、北方氏と新選組本の仕事をご一緒したときのように言われてしまうかもしれない。そのとき、北方氏はおっしゃっていた。

「僕は山南敬助が引っかかる。山南の脱走は違うと思うのだよね。あれは、脱走ではないのじゃないかと」——「いつか、書かれるのだろう」と思っていたが、それが、この『黒龍の柩』だろうか。話の展開は、伝わる記録と全く異なっているので、新選組ファンにはきっと賛否両論だろう。が、小説は創作物だから、違うのはいっこうにかまわない、ワクワク、ドキドキ、胸熱くさせてくれればよいと思う。〝夢〟である。

そして、土方歳三は、いろんな顔を持ち、虚像は増え続ける。

増えること――それも、かまわない。〝夢〟が増えることと同じだ。

「ああ、そうか、土方歳三は鬼というより、戦鬼なのだ」

あるとき、私は納得した。戦い続けた彼の生涯は創作者たちの食指をそそらずにはおかない。現代風(いま)にいえば、そういうキャラクターである。

描かれ続けるそのどれが、真実の彼に近いのか――それは歳三のみが知り得ることで、彼は、今頃、来世という世界で、私たちのあまりに熱い思いに、幾らか頬を赤らめながら、それでも「フン」と、鼻先で笑っているだろう。

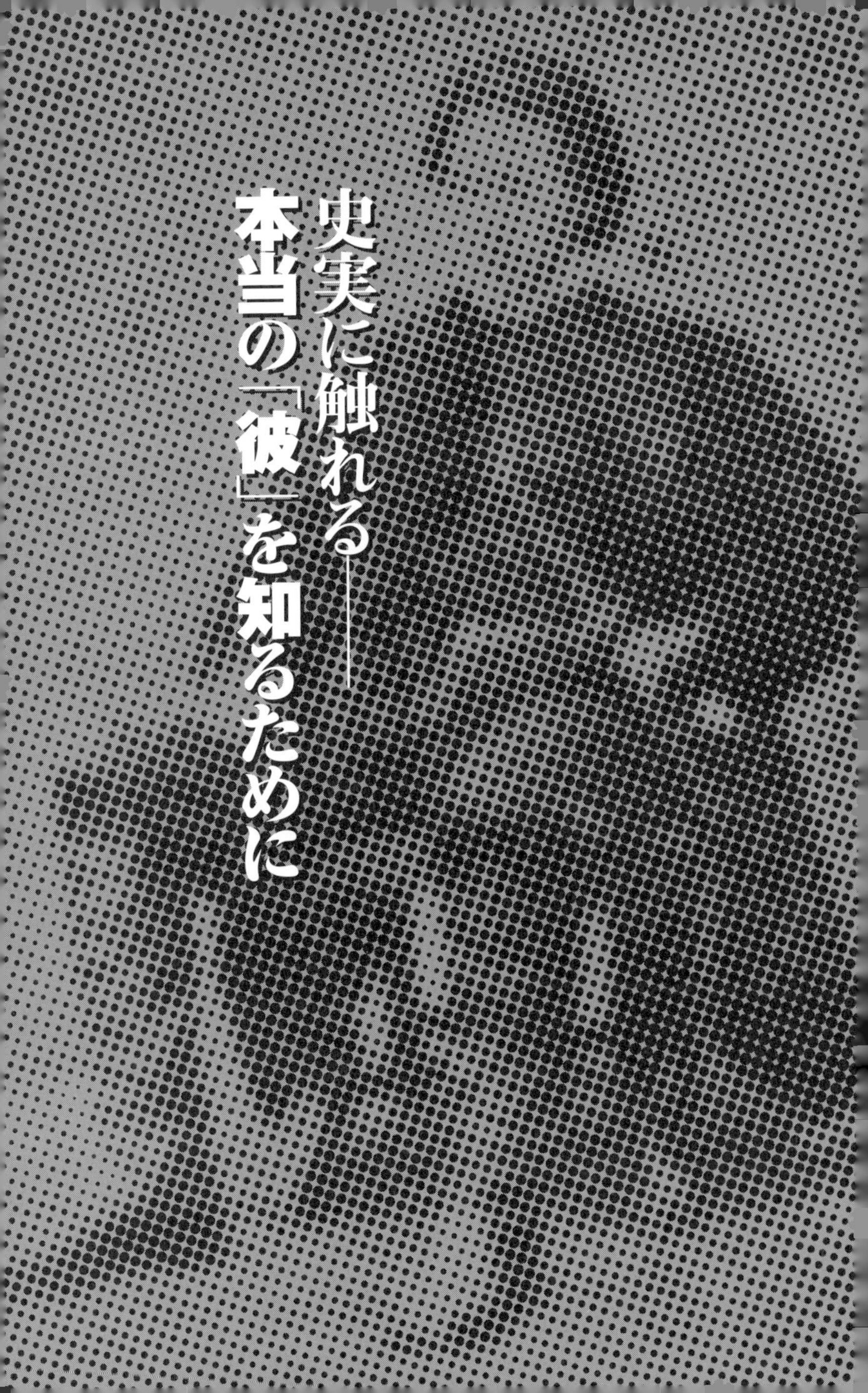
史実に触れる——
本当の「彼」を知るために

▼3大歴史書出版社・編集者インタビュー

「新選組研究本」より愛を込めて

取材・文：田中亜紀子

コミックや小説で新選組に興味を持ち「もっと土方サマや沖田サマのことが知りたい！」となる人は多い。もちろん本屋で、新選組関連の専門書籍という新たな世界へと踏み出すことはできる。けど歴史ムックはなんだかごついいし、専門書はどうもとっつきにくそうではある。

読んでみたくても、歴史オンチにはなかなかに敷居が高い研究書の世界。いったい、どんな人たちが何を思ってこれらの本を作っているのか？ 代表的な出版社3社の編集者に会ってみることにした。

「図鑑の学研」が贈る『歴史群像シリーズ』。その若き編集長は――

まずは朱色の表紙に劇画調の人物のイラストが迫力の、学習研究社『歴史群像シリーズ』編集長・新井邦弘さん。歴史ムックの編集長といえば、高齢で気難しげな印象かと思っていたら、30代後半さっぱり系の優しげな男性。でも実は戦記物オタクだったりして、としつこく考えていたが、本人は大学で西洋史を専攻していたものの、入社以前は「日本史体験といえば、大河ドラマだけでした」とにこやかにおっしゃる。

3年ほど前、編集長に就任。『歴史群像シリーズ』

はその時々に人気の人物や時代をテーマにしたムックで、幕末をはじめ戦国時代、『三国志』など守備範囲は広い。当然、読者の大半はまじめな歴史ファンで、マニアックな人も多い。突然入ったそんな世界に戸惑いはなかったのだろうか。

「僕は最初は素人だったので、かえってミーハーに楽しみを見つけましたね。いきなり火縄銃の実射実験をさせてもらったり、自分で投石機を作って使ってみたり。こんな現場に立ち会えるなんて、編集者ってなんてラッキーなんだと思いました（笑）」

ビジュアルが充実している『歴史群像シリーズ』は、読者からも「さすが図鑑の学研」と評価が高い。記事作りにおいて心がけているのは「目で見た分かりやすさ」。戦記物の場合は戦術分析、布陣や地図を充実させること。データをきちんと付して写真や肖像画、イラストや現在の風景写真などを満載する。さらに最も力を注ぐのが「人物評伝」だ。読者は歴史上の人物のダイナミックな生き方から、善悪を学ぶのではなく、〝かわいそう〟〝なんだか無器用だな〟と感情移入をしていくのだという。

「いつも苦労するのは、ビジュアルムックなのに、風景以外に掲載できる写真が少ないことです。普通は墓があるだけで御の字。土方さんにはよくぞ、写真を撮っておいてくださったと感謝したい（笑）。顔に惚れた、という女性も多いですが、彼の、筋を曲げない諦めない、という生き方に惚れる男性も多い。

「土方が京都、東北、箱館と転戦していく姿はアスリートが成長していくさまを彷彿させます」

学習研究社
新井邦弘
一般教養編集部『歴史群像シリーズ』編集長。1965年生まれ。東京都立大学人文学部・古代ギリシャ史専攻。入社後2年目から現部署に配属となり、2001年に編集長に。学生時代は、日本史は授業と大河ドラマで得た知識がすべてだった。「土方さんといえば『マカロニほうれん荘』という世代です（笑）」。幕末で好きな人物は？ 「新選組関係者では、伊東甲子太郎と話がしてみたい」。

学習研究社「この一冊」

『【決定版】図説・新選組史跡紀行』
萩尾 農／文 岡田正人／写真
2000円
日野、京都、会津、函館……早春の多摩から厳冬の北海道まで、新選組ゆかりの地を徹底踏査した史跡ガイドの決定版。すべて住所・行き方・地図を掲載。

図説
新選組史跡紀行

『**歴史群像シリーズ58号 土方歳三**』
1300円
幼年期から箱館戦争での最期までを丁寧に追ったムック。薬売り時代の歳三のコスチュームやCGによる池田屋の再現など個性的で豊富なビジュアルにも注目。

土方歳三
熱情の士道 冷徹の剣

『**史伝 土方歳三**』
木村幸比古 学研M文庫 680円
霊山歴史館の学芸課長が考察した土方歳三の生涯。新史料を含む豊富な史料提示は「史実重視」派におむ薦めか。

史伝
土方歳三
木村幸比古

『**士道残映 新選組**』
学研グラフィックブックス 1560円
新選組の足跡と隊士たちの人物像を、遺品や史跡などの豊富な写真と共に追う。巻末に史跡ガイドもアリ。

時代の激流に呑まれた壬生の狼
士道残英
新選組

実際、土方の京都、東北、箱館と流転する姿は、アスリートが成長するさますら彷彿させますね」

研究者によって様々な意見があるため、本全体の2～3割は異論などを入れるという〝歴史研究書の原則〟を破り、土方のムックでは、微に入り細に入りあらゆる角度から彼の魅力を詰め込むよう意識したという。

新選組は体育会系、薩長は文系ですね

「誤解を恐れずに言えば、幕末のおもしろさって、成功しちゃった学生運動のようなものだと思うんです。薩長志士は文系、新選組は体育会系で、お互いに内ゲバしたり、大人は分かってくれない……なんてひがんでみたり」

普通は成功しない若者による反体制運動が、幕末においては成功してしまった。彼らのエネルギーが、日本の夜明けを半ば〝うっかり〟感覚で導いてしまったことが、現代人には魅力的に感じられるのではないかと新井さんは分析する。また今日、新選組が注目を集める背景には閉塞（へいそく）した社会状況があるとも。

「『プロジェクトX』ではないですが、倒幕派のように〝体制が悪いからつぶしちゃえ〟というのではなく、〝組織は腐っていても、そのなかで自分たちにできることをやっていこう〟という彼らの姿に、サラリーマンはシンパシーを感じるのだと思います」

新選組＝悪役、という構図が長かったせいで、新選組遺族には今に至るまでひっそりと生きてきた方々も多いのだという。だから新井さんは、人物評伝では決して悪し様に罵るトーンにならないように注意している。罵るよりも、なぜその人はそのような人生をたどったのか、そこに潜むドラマに目を向けていきたい、と。

「歴史上の人物を扱うのは、非常にデリケートなこと。僕たちの世代にとって、幕末はすっかり遠いものになっていますが、実はそれほど遠くはないんですね。時々、新選組子孫の方から、ご意見の電話があるとはっとする。その方々には子孫とは公表できずひっそりと暮らしてきた歴史があり、その、伏せてきた家族史にある恨み、つらみのようなものに、ぐっとくると同時に、ロマンも感じてしまうんです」

歴史上の人物評価は時代によって変化する。近年でも小栗上野介など多くの人物の名誉回復がなされているが、04年の大河ドラマ『新選組！』では、配役から見てもいよいよ芹沢鴨が汚名をそそぐのでは？と新井さんは期待している。

歴史を通して現代の生き方を考える。ＰＨＰ研究所・歴史書籍の編集長

次に登場するのは、ＰＨＰ研究所で現在、文庫・新書等を編集する第二出版局局長・小林成彦さんだ。彼は今はなき『小説歴史街道』の編集長時代に黒鉄ヒロシ氏の『新選組』を企画。以後、多くの新選組関連書籍を編集している。創設者に松下幸之助を戴くだけに財界人やビジネスマンを対象とした書籍が多い同社、小林さんご自身も編集者というより、有能なビジネスマンという佇まいである。

PHP研究所「この一冊」

黒鉄ヒロシ
新選組
誠

『新選組』黒鉄ヒロシ PHP文庫 857円
徹底的なリサーチをもとに黒鉄氏の卓越した発想力が冴えた、一種幻想的な凄みさえ漂う新選組通史。文藝春秋漫画賞受賞。

黒鉄ヒロシ
幕末暗殺

『幕末暗殺』黒鉄ヒロシ PHP文庫 838円
井伊直弼、吉田東洋ら48人の死を追う「暗殺年譜」と岡田以蔵、河上彦斎など「人斬り」5人衆の人間像を活写する新幕末史。

新選組と沖田総司
木村幸比古

『新選組と沖田総司 「誠」とは剣を極めることなり』木村幸比古 PHP新書 760円
天然理心流の「剣の訓え」を体現した人生として沖田総司の生涯を捉え直す。

新選組日記
木村幸比古

『新選組日記 永倉新八日記・島田魁日記を読む』木村幸比古 PHP新書 800円
本書でも何度か言及されている永倉新八の『浪士文久報国記事』と、島田魁の日記の原文と訳。

新選組剣客伝
山村竜也
近藤勇
土方歳三
沖田総司
山南敬助
永倉新八
原田左之助
藤堂平助
斎藤一

『新選組剣客伝』山村竜也 PHP文庫 495円
新選組の代表的剣士である近藤、土方、沖田、山南、永倉、原田、藤堂平助と斎藤一の8名をそのエピソードで綴る人物列伝。

土方新選組
菊地明
山村竜也

『土方新選組』菊地明・山村竜也 1476円
組織統括者としての土方の生涯を2部構成で描く。戊辰戦争以降の足取りに紙数が割かれているため、初心者にも分かりやすい。

「月刊誌『歴史街道』では〝時代を見抜く座標軸〟という言葉を使いますが、うちの会社で歴史を扱う場合は、歴史を通して自分の人生や時代を考えていこう、つまり、歴史を現代にどう活かすか?という視点が常に入っていると考えてもらっていいです」

新選組ものの初仕事となったマンガ『新選組』では、「連載準備で専門家の話を聞いたり、教えてもらった文献に当たったり、幕末の人物写真や風景写真もできる限り集めました。マンガには人物写真が重要なので、写真のない人物の場合は『ない』ということ自体をはっきりさせなくてはならず、そのあたりが大変でしたね」。

黒鉄氏自身の意気込みも強く、毎回の4ページに加えて、そのつど同量の原稿をコツコツと描き溜めていた。これを合わせて単行本にしたところ、いきなり10万部のヒットに。連載当時も反響は大きかった。さる人物の子孫から「もっと志士側の立場も!」と電話が入り、討論になったことさえあるという。

新選組の書籍を作る場合、小林さんが意識することはふたつある。まずは、これまでになかった新しいことをやること。

「要するに新史料をまとめることなどですが、新選組ファンは非常にマニアックなので、新しい史料が出ると、すぐにチェックしたがる人が多いんですね。私の担当したものでいうと、永倉新八の日記を編纂（へんさん）した『新選組戦場日記』（98年刊）がそれです」

京都時代を記録した永倉の日記の存在は、ファンの間では周知の事実だったが、明治時代に行方不明に。それをある時、新選組に詳しいさる古物商が入手、彼が以前ＰＨＰと縁があったことから『歴史街道』での発表が実現し、のちに単行本化したものだ。新選組幹部の筆による当時の記録は、多くのファンに驚きをもって迎えられた。

日本人は「参謀」が好きなんですよ

そしてふたつ目は、今までにない切り口を提出するというもの。新選組を剣客集団として見る『新選組剣客伝』、新選組という組織は実質的には土方が作り上げた、という切り口でまとめられた『土方新選組』などがこれにあたる。

「近藤は頂点にいましたが、実際に隊を動かしていたのは土方。彼は参謀であり全体の統括者。日本人は元来、参謀という地位が好きなんですよ。特に今はなかなか大きな組織のトップにはなれない。もし自分が会社を動かすとしたら参謀としてだ、と思っているからこそ、ビジネスマンは皆、組織を作り上

「彼らは確かに130年前に生きていた。それを体感することが今の人生に役立つのでは」

PHP研究所
小林成彦
第二出版局局長。1956年生まれ。同志社大学文学部新聞学科卒業。制作部で５年勤務後、『歴史街道』『小説歴史街道』を経て現部署に。黒鉄ヒロシ『新選組』は連載時より担当を務める。その他『新選組剣客伝』『新選組戦場日記』など歴史書を多数編集。新選組で好きな人物は山南敬助。「生き方がきれいなところが好きですね。どうして逃げたのか。死に場所を見つけようとしたのかな」。

げた土方の力に魅かれるのだと思いますよ」

　特に同社出版物の愛読者は「参謀役」に注目するようで、たとえば戦国時代の小説でも、参謀役を務める脇役の島左近や竹中半兵衛などに人気が集まるという。それゆえに、ＰＨＰでは彼らを中心にした小説や評伝などの書籍を意識的に展開している。

「新選組の魅力は、『忠臣蔵』以来の集団劇ということだと思うんですね。土方みたいな非情な男もいれば、沖田のような青年剣士もいる。個々に魅力があるから『私はこの人がいい』と感情移入がしやすい。ＳＭＡＰで私は誰が好き、というのと同じですね。また新選組は、各人は特にエリートでもなければ、何かを成し遂げたわけでもない等身大の人物。そんな彼らが懸命に若いエネルギーをぶつけ合ったところにその魅力があるのだと思います」

　そう語る小林さんに、ご自分が作る新選組関連の書籍をどう読んでもらいたいか？を聞いてみた。

「どう読んでもらいたいかは、こちらが強制するものではないですが、確かに彼らは１３０年前にこの日本で呼吸していた。そしてこういう生き方をしていたんだ、ということを知り、自分なりに考えて、人生に役立ててもらえればうれしいですね」

業界にこの人あり。新人物往来社の名物編集者は新選組本のパイオニア

　さて、最後に新選組本の大御所、新人物往来社の大出(おおで)俊幸さんの出番である。なにしろ「編集者で大出の名を知らない人はモグリ」と、ノンフィクション作家の佐野眞一氏がその著書『誰が本を殺すのか？』で断言した人物。入社以来32年間、常に月２～３冊の単行本を作り続け、新選組関連の書籍だけでも約１３０冊を世に送っている。のみならず、後述するような活動から、新選組ファンのまさに中心的な存在なのだ。緊張しながらのインタビューには穏やかに笑顔を交えて応対してくれたが、時折見せる眼光は鋭い。思わずこちらの背筋が伸びる。

　そんな大出さんもまた、入社するまで日本史には

ほとんどなじみがなかった。昭和46年に新人物往来社に入社し、最初に手がけた単行本が彼の運命を変えたのだ。『新撰組顛末記』。永倉新八翁が亡くなる寸前、「小樽新聞」の記者が彼に取材して新聞連載した記事をまとめ、遺族が法事で配っていたものがもともとの原本だ。

「以前、その私家本を友人の文芸評論家、尾崎秀樹氏（ゾルゲ事件で有名な尾崎秀実の弟）の書斎で見かけていたんです。それを思い出し、タイトルを変えて世に出した。売れるかどうかは分からなくても、池田屋に突っ込んでいった人の実体験だ、と思っただけでわくわくしてね」

『顛末記』はこの種の本では珍しいほどのヒットとなり、30年以上版を重ねて計8万部に達している。

若き大出さんがすぐ次に手がけたのは、新選組の史料を集めた『新選組覚え書き』だった。前述のように歴史について素人だったため、多くの専門家に話を聞きながらの地道な作業が続いた。

「特に素晴らしかったのが、今は故人となられた森満喜子さんとの出会いでした。今日では沖田総司研究の第一人者ですが、当時はまったくの無名の人で」

以前、司馬遼太郎の『新選組血風録』を読んだ時に「この項は大牟田市の森満喜子さんに資料をいただいた」と記載があったことを思い出した大出さんが、彼女に手紙を書いたのが始まり。ある日、森氏が、紫の袱紗に包まれた手書き原稿80枚を持って大

「戊辰戦争は単なる政権移動。正邪の問題じゃない。興味があるのは『彼らがそこで青春をどう生きたか』だよ」

新人物往来社
大出俊幸
書籍編集部。1937年生まれ。京都大学文学部哲学科卒業。中学校教師を経て編集者に。前職の学芸書林時代より『全集・現代文学の発見』『ドキュメント・日本人』などの名企画で知られ、新人物往来社に入社後は、多くのベストセラーを含む約750冊（新選組関連は約130冊）の単行本を担当。「新選組友の会」「歳三忌」「総司忌」「東軍戦没者慰霊祭」なども主宰。幕末で好きな人物は河井継之助。「最後まで闘って、責任を取ったところが好き」。

出さんを訪ねてきた。

「それは彼女がそれまで長いことかかって集めた、沖田総司に関する史料とエピソードの断片でね。『新選組覚え書き』として出版したのが昭和47年。いろんな読者から手紙が来てね、天にも昇る心地ですよ」

その後、大出さんは彼女の著書を何冊も手がけることになる。現在、新選組もので知られる小説家の大内美予子氏との運命的な出会いもこの頃だ。『新撰組顚末記』の巻末に永倉新八の子孫の連絡先を尋ねる一文を入れておいたところ、読者から、連絡先に加えて「名古屋に住む女性が沖田総司の大長編小説を書いている」という情報がもたらされたのだ。大出さんがその名古屋の女性、大内さんにすぐに手紙を書いたことは言うまでもない。

本を売るのは選挙の票読みと同じです

「その小説は全10章から成っていましたが、届き方が妙なんですよ。ある章は九州から、ある章は青森からといった具合に、全国からバラバラと送られてくる。どうなってるの?と聞くと、なんと大内さんの小説を口コミで知った全国のファンが〝回し写し〟をしていたんですね。全1700枚の手書き原稿を夜な夜な写してでも自分で持っていたい、という熱狂的なファンがすでにいたんです」

大出さんのアドバイスに従って全面改稿されたこの小説『沖田総司』は、昭和47年4月に出版された。発売当日に東宝テレビと木下恵介プロからオファーがあり、草刈正雄主演の同タイトル映画としても結実。世間は新選組のブームに沸いた。

そのさなかにも大出さんは次々と新人作家を発掘し続けた。彼が組む作家は、ほとんどが商業誌未経験で、その処女作を同社から出している。のちに直木賞作家となった北原亞以子氏も、雑誌デビュー後に大出さんと一緒に土方歳三ゆかりの地を取材し、最初の単行本『歳三からの伝言』を上梓。既存の作家に頼る編集者が多い昨今に至っても、大出さんは「手慣れた人じゃおもしろくない」という頑固な姿勢を崩してはいない。

大内氏作品による新選組ブーム開始から2、3年後、大出さんは新選組ファンを組織化した「新選組友の会」を結成した。

「本の売れ行きは選挙事務所の票読みと同じです。だから後援会を作ろうと思ったの。固定客を作らないと危なくて（笑）。ジャーナリズムは無責任にブームを作って、あっという間に次に行くけど、僕たちはずっと売らないといけないからね」

現在まで総司忌29回、歳三忌30回を重ね、それまでほとんど誰も省みなかった戊辰戦争の東軍戦没者1万人の慰霊祭を個人的に行なってもいる。むろん、本を売る目的だけでできることではない。そこには彼の新選組の沖田・土方や長い間野ざらしにされていた東軍に対する畏敬と愛情がうかがえる。

「学校では薩長側の歴史を正史として教えているけれど、戊辰戦争とは自民党から民主党に政権が変わるような政権移動に過ぎなかった。これは原敬が戊辰から50年目にはっきり言っています。〝どっちが正義か〟なんて、そういうことじゃない。僕が新選組に興味を持つのは、土方や沖田があの時代にどう生きて闘ったか？という一点なんです。新選組の魅力とは、青春をどう生きるか、を考えることだと思う。そういうことをまじめに考えるのはまず女性だから、新選組のファンには女性が多いんですよ」

編集者としてフル生産を続け、様々な会を運営し、ファンのみならず隊士の子孫とも密接に付き合っている大出さんは、当然目が回るほど忙しいはずだ。しかし、そんな毎日を「48時間続けて仕事をしていても、遊びといえば遊び。本作りは高級な遊びみたいなものですよ」と笑う。なにせ、若い頃からとにかくマメだ。ネットワークを作るために旧家や歴史の専門家などに毎日10通ほど手紙を書いて、アンテナを張った。古文書が出れば飛んでいくし、つてを頼って子孫も捜す。

「何も知らず、先祖から受け継いだものを柳行李いっぱいに嫁ぎ先まで持ち歩いて……という子孫の方が多いので、そういう人をたどっていった。人の信頼を得るのは食い逃げじゃだめよ。有益な情報をもらってそのままではなく、とことん付き合う。子孫もファンも専門家もみんなまとめて付き合う。そうしてるとまた、『大出さん、こんなのあるよ』と珍しい史料を見せてくれたりするんだよ」

新人物往来社「この一冊」

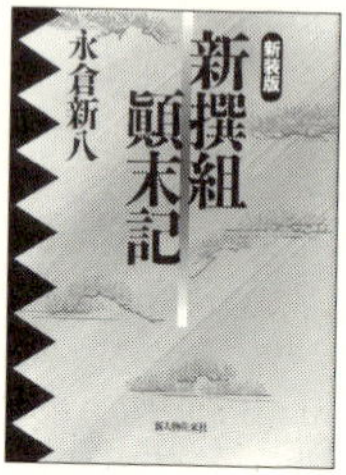

新装版
新撰組顛末記
永倉新八

『新撰組顛末記　新装版』
永倉新八　1800円
名を杉村義衛と改め70代となっていた永倉を取材した記録。章タイトルが講談風でおもしろく、のちのあまたの創作物での各隊士の性格設定にも大きな影響を与えた。

新装版
沖田総司
大内美予子

『沖田総司　新装版』
大内美予子　１８００円
沖田ファン必読の一冊にして、昭和40年代の「沖田総司ブーム」のきっかけとなった書。あくまで清澄な沖田が堪能できる。

聞きがき新選組
佐藤昱

『聞きがき新選組　新装版』
佐藤昱―　２８００円
著者は新選組最大の庇護者だった佐藤彦五郎（歳三の義兄）の子孫。日野時代や、歳三の遺影を届けた小姓・市村鉄之助のエピソードなど臨場感ある記録。

新装版
沖田総司
おもかげ抄
森満喜子

『沖田総司おもかげ抄　新装版』
森　満喜子　２２００円
本文中に登場する「紫の袱紗」の原稿に新史料を加え、版を重ねた新装版。新選組よりも人間・沖田総司のエピソードに意を注ぐ。

新選組銘々伝
土方歳三　藤堂平助
山崎烝　島田魁
林信太郎　阿部十郎
中島登　野口健司

『新選組銘々伝　第一巻』
新人物往来社／編　２８００円
史料を豊富に使用しながら各筆者が隊士たちへの思いを込めた列伝、全4巻。本書では土方、山崎烝ら16人分を収録している。

伊勢湾台風で崩れた旧家の土蔵で見つかった史料もそうだ。まったく新発見の、織田信長と豊臣秀吉に関する原稿用紙約５０００枚分もの記録。これは『武功夜話』（全4巻）にまとめられるや大反響を呼び、それをもとに津本陽氏の『下天は夢か』、遠藤周作氏の『決戦の時』が生まれるなど、文学界にも大きな足跡を残した。史料を探す、人と会う。実践が大事だと大出さんは言う。

「たとえば新選組の隊士がどう生きたか、自分の頭で考えてほしい。そうするとお墓参りやゆかりの地に行きたくなる。現場に足を運べばもっと新選組が好きになる。そういう、生で体験するおもしろさを知ってもらえればと思うんです」

3人に共通するのは、史料や遺された人々に誠実に向き合う姿勢、そしてそれらを〝遺物〟として陳列するのではなく、現在に生きる人への糧としたい、という真摯な思いである。カタい、冷たいと思い込んでいた歴史研究書が、ロマンにあふれた血の通うメッセージに満ちていることを知った。

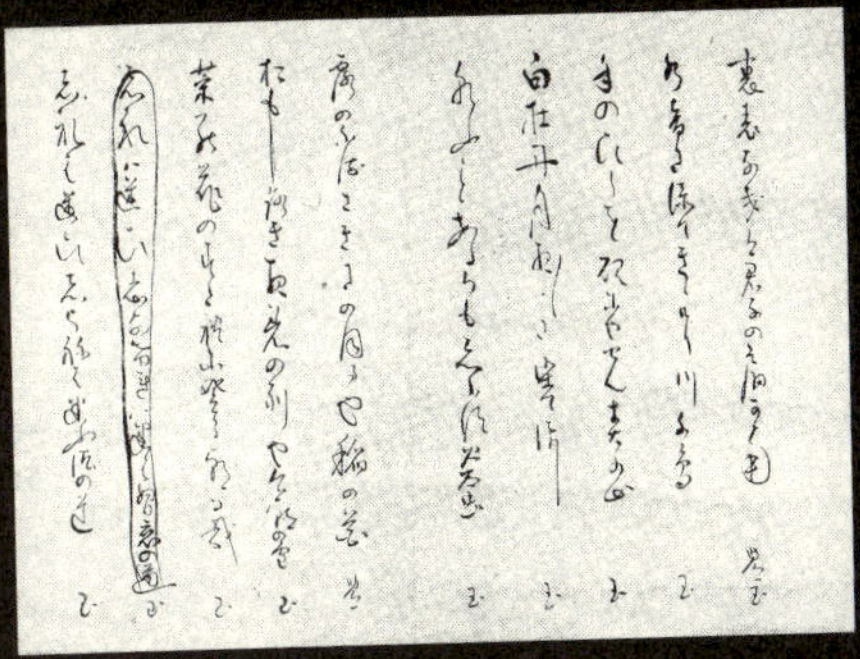

『豊玉発句集』
「白牡丹月夜月夜に染めてほし」「春の夜はむづかしからぬ話かな」「しれば迷いしらねば迷わぬ恋の道」など、ロマンティックで、技巧に走らない素朴さがにじみ出ている。
（土方歳三資料館蔵）

もっと知りたいあなたのために

土方歳三・新選組史料案内

横田 淳

『豊玉発句集』――歳三の直筆記録①

文久3（1863）年、幕府の浪士募集に応じる決心をした土方歳三は、その記念に『豊玉発句集』という一冊の句集を編んでいる。「豊玉」とは歳三の俳号で、「発句」は今の俳句のことだ。41句が撰されているが、表紙の裏には、他の40句とは別に次の句が記されている。「さしむかう心は清き水かゝみ（鏡）」。

京都に赴く心情を綴ったものだろう。歳三の決意が紙背に浮かび上がってくるのが、なんとも物悲しい。筆を執るのは、その後の運命を知らない歳三なのだ。

現在、『豊玉発句集』は軸装され、土方歳三生家跡に設置された「土方歳三資料館」で展示、菊地明・伊東成郎・横田淳編著『写真集　土方歳三の生涯』（新人物往来社）にも全ページ掲載。

小島鹿之助邸跡
かつて歳三も剣術の稽古を行なった、という前庭に面する母屋は改造されているものの、上段の間などは当時のままだ。その先、渡り廊下で別棟へ。小島資料館では隊士たちの書簡の他に歳三自筆の行軍録や当時の瓦版など貴重な史料が見られる。

書簡――歳三の直筆記録②

歳三はじめ新選組隊士たちの真実の姿に迫ろうとするならば、やはり彼らが遺した書簡を欠かすことはできない。どんな史料よりも、生身の人間だった彼らを実感することができる。

土方歳三には、全生涯において30通ほどの書簡が遺されている。そのほとんどが新選組結成後のものだが、2通だけは京都へ出発する以前に認（したた）められている。

最も古い一通は万延元年12月、歳三が26歳の時のもので、体調を崩した小島鹿之助の母親に薬種の用法用量を説明する内容。家伝薬「石田散薬」等の行商を行なっていたという若き日の歳三の姿が書面上に浮かび上がってくる。

もう一通は文久3年1月、幕府が浪士を募集するとの情報を鹿之助に伝える内容だ。文末は「まずはお年玉として申し上げ奉り候」と結ばれ、心躍らせる歳三の姿が目に浮かぶ。

歳三より5歳年長の鹿之助は、武州多摩郡小野路村（現・東京都町田市）の寄場名主を務めた人物だ。同じく小野路の寄場名主の橋本家が歳三の生家と縁戚関係にあり、橋本家と小島家も同様だった。

小島鹿之助邸跡には「小島資料館」が開設され、右記2通はもちろん、他のいくつかの書簡も収蔵されている。

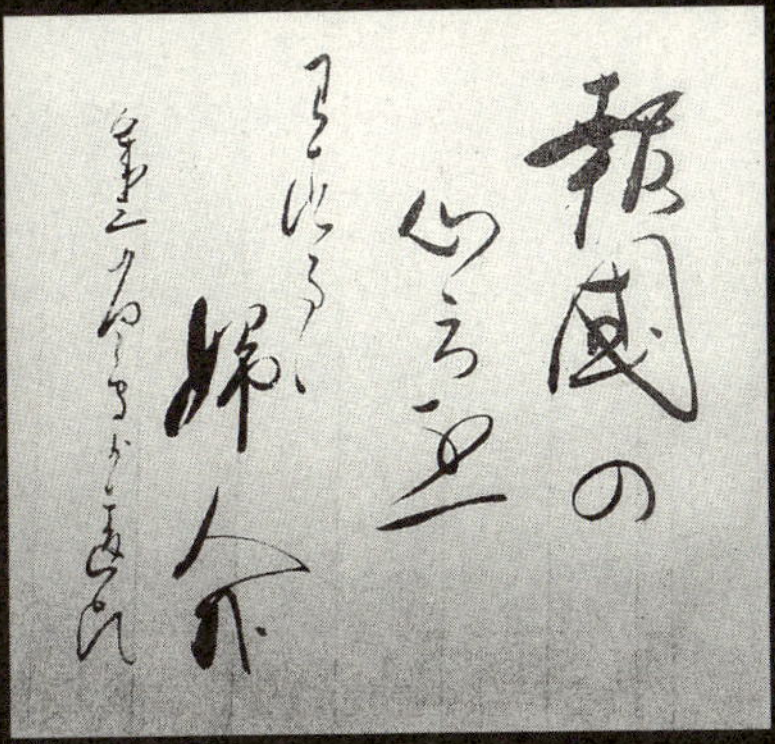

「報国の心ころを忘るゝ婦人哉」
島原には花君太夫、北野には君菊と小楽、大阪新町には若鶴太夫と2、3人……となじみの女性の名前を羅列して「いやぁ、お国に尽くすことを忘れちゃうねえ」とノロけてみせる歳三。（小島資料館蔵）

「報国の心を忘るる婦人かな」の戯れ句で知られる書簡もそのひとつで、文久3年11月に小島鹿之助にあてて発信されたものだ。追伸部分で「婦人慕い候こと、筆紙に尽くしがたく」などとノロけ、色街の女性の名前を列挙して、先の戯れ句が認められている。さらに「歳三いかがの読みちがい」などとある。こんな句を作るなんてどんなものだろう、といった意味だ。

歳三は、故郷から遠く離れた京都で、公私ともに充実した日々を送っていますよ、とユーモアたっぷりに伝えたかっただけなのだろうが、鬼の副長の意外な一面が垣間見られて、なんとも微笑ましい。

全国各地に所蔵される土方歳三の書簡が総集した1冊に、菊地明編『土方歳三、沖田総司全書簡集』（新人物往来社）がある。

『両雄史伝』等――近親者の記録①

小島家には、さらにこのような戯れ句を作る歳三をイメージさせる、次のような逸話が伝わっている。

つまらないものですが謹んでお贈りいたします、と京都の歳三から小包が送られてきた。開いてみれば、色町の女性からのラブレターが何通か入っているだけだったという。

小島鹿之助の長男・守政が明治7年に著した『両雄逸事』に紹介されるもので、前年の明治6年には鹿之助が『両雄史伝』を著して

殉節両雄之碑
日野市高幡不動の境内にある。近藤・土方の働きを称えるため『両雄史伝』をもとに大槻盤渓が撰文、松本良順が書を担当した。篆額は松平容保が書いている。明治21年、佐藤彦五郎、小島鹿之助らの尽力で完成。

いる。両雄とは近藤勇と歳三のことだ。

なお、このラブレターの送り状と考えられる歳三の書簡が仙台市博物館に所蔵されている。池田屋事件、禁門の変を経て間もない、元治元年9月のものだ。

守政は、明治26年にも『慎斎私言』を編んでおり、明治30年には、土方家と縁戚関係がある橋本道助も『両雄史伝補遺』を著している。このなかで「身丈五尺五寸（約167㎝）、眉目清秀にして頗る美男子たり」と歳三の容姿について言及しているが、遺された歳三の肖像写真はこれを十分に裏付けている。

これらは小島資料館刊行の『新選組余話』に全文収録。

『聞きがき新選組』——近親者の記録②

歳三の近親者として小島鹿之助と共に忘れられないのが、佐藤彦五郎・源之助父子だ。

歳三にとって彦五郎は姉ノブの夫で義理の兄、源之助は甥にあたる。歳三は銃の扱いが巧みな源之助を新選組にスカウトしたが、ノブの猛反対により実現しなかったというエピソードもある。

この源之助が『今昔備忘記』を書き残し、さらに源之助の長男・仁が『籬陰史話』を著している。司馬遼太郎があの名著『燃えよ剣』の取材で目を通した、というエピソードもあるこの『籬陰史話』の

聞きがき新選組
新装版
佐藤昱
新人物往来社

『聞きがき新選組　新装版』
新人物往来社、2800円。実際は400年くらい前から綴られている佐藤家の歴史のうち、幕末期の記録をまとめたもの。小姓・市村鉄之助が土方の写真と手紙を届けたエピソードなどは、市販されている文献ではこれが最もリアリティがある。

うち幕末維新期部分が、仁の長男・昱によって編纂され『聞きがき新選組』（新人物往来社）として刊行されている。

『新撰組顛末記』――永倉新八の記録①

新選組の大幹部で、幕末維新期を生き延びたのは、斎藤一と永倉新八のふたりだ。斎藤は新選組時代について特に書き残さなかったといわれるが、永倉は様々な形でいくつもの記録を残している。

大正2年3月から6月に「小樽新聞」で『永倉新八』と題された長編読物が連載されている。同社記者が本人に取材し、それをもとに記述したもので、大正4年に死没する永倉が最後に遺した記録となった。

この『永倉新八』は、昭和2年の永倉の13回忌を記念して長男・義太郎により『新撰組永倉新八』と題する一冊にまとめられ、さらに昭和46年に『新撰組顛末記』（新人物往来社）として刊行、今なおロングセラーである。

『浪士文久報国記事』――永倉新八の記録②

『新撰組顛末記』と共に新選組の資料として外せないのが、『浪士文久報国記事』だ。永倉が明治初期に綴ったものが、行方不明となっていたが、平成10年になって発見、発表されたものだ。

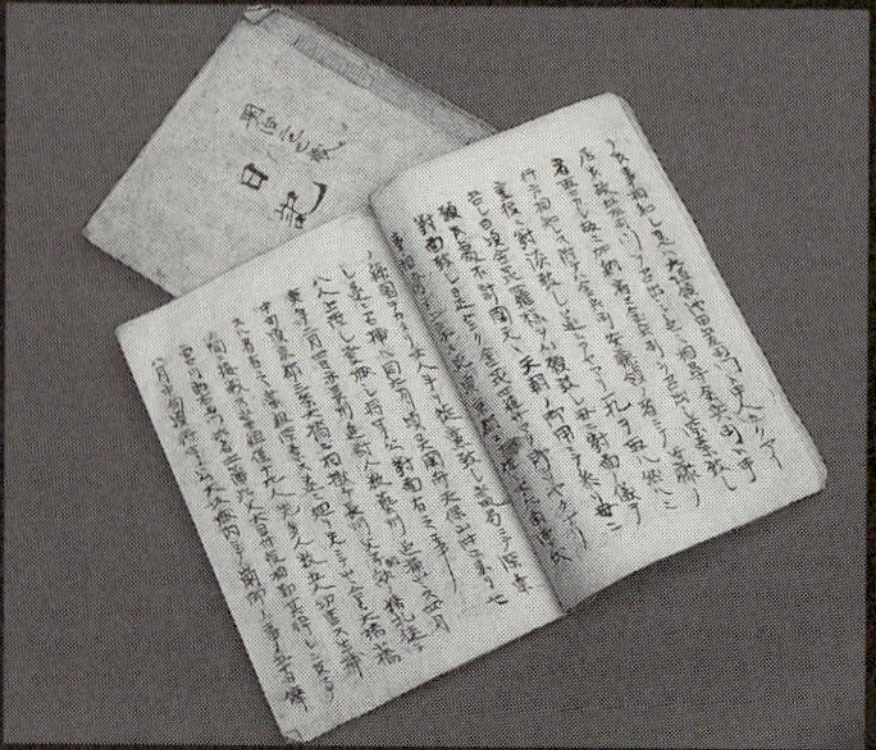

『島田魁日記』
伍長であった島田魁が書き残したもの。日記２冊から成っており、特に鳥羽伏見の戦以降の詳細な記録は実体験者ならではのリアルさ。
（霊山歴史館蔵／写真：神長文夫）

この記録は現在、『島田魁日記』と合わせて木村幸比古編著『新選組日記』（PHP新書）として出版されている。

なお、一説には斎藤一にも、その口述を記録した『夢録』という史料が存在するという。

『島田魁日記』等——新選組隊士の記録

新選組隊士たちの残した記録は、『島田魁日記』の他にも『中島登覚え書』『立川主税戦争日記』『秦林親日記』等があり、『新選組史料集コンパクト版』（新人物往来社）にまとめられている。

日記も含めて島田魁の遺品は霊山歴史館（京都市）に、中島登のものは市立函館博物館五稜郭分館（函館市）に展示されている。中島登は『戦友姿絵』で、歳三をはじめとする、かつての戦友の雄姿を描いている。

『新撰組始末記』と『新選組始末記』

「撰」と「選」が違うだけの非常によく似たタイトルを持つふたつの史料だが、内容は大きく異なる。

『新撰組』の筆者・西村兼文は新選組が屯所を設置していた西本願寺の侍臣。この本は明治22年に脱稿された新選組初の通史かつ見聞記録だ。明治27年になって野史台の『維新史料』に掲載され、これ

『戦友姿絵』
新選組生き残りのひとり、中島登は箱館・弁天台場で降伏後、明治３年まで謹慎の身となった。左は彼が残した土方歳三の姿絵。「生質英才にしてあくまで剛直なりしが、年の長ずるにしたがい、温和にして人の帰すること赤子の母を慕うが如し」とある。　（市立函館博物館蔵）

も『新選組史料集コンパクト版』に収録されている。

『新選組』の筆者は新聞記者だった子母澤寛で、こちらは昭和3年に発表されている。厳密には史料といいにくい面もあるが、新選組を直接知る古老の聞き書きを随所に取り入れる方法で執筆されており、資料的価値は高い。

その後『新選組遺聞』、『新選組物語』が発表されており、今は「新選組三部作」と題されて中公文庫から刊行されている。

『新撰組史』と『新撰組史録』

これもよく似たタイトルだが、筆者は共に平尾道雄だ。厳密には史料ではなく研究書だが、なかでも嚆矢にあたる古典。

『新撰組史』は『新選組始末記』と同年の昭和3年に発表後、内容を改訂し昭和17年『新撰組史録』として刊行されており、今は『定本新撰組史録新装版』（新人物往来社）として入手可能。

昭和3年に新選組本の出版が集中したのは偶然ではない。幕末を象徴する戊辰の年（１８６８）から60周年、再び「戊辰」の年がめぐってきたことを記念して、出版ラッシュが起こったという事情がある。その次の戊辰は昭和63年、この年も多くの書籍が出版された。そのまた次は２０４８年。新たな史料の発見はあるのだろうか。

生地・没地・青春の跡……
ゆかりの地MAP

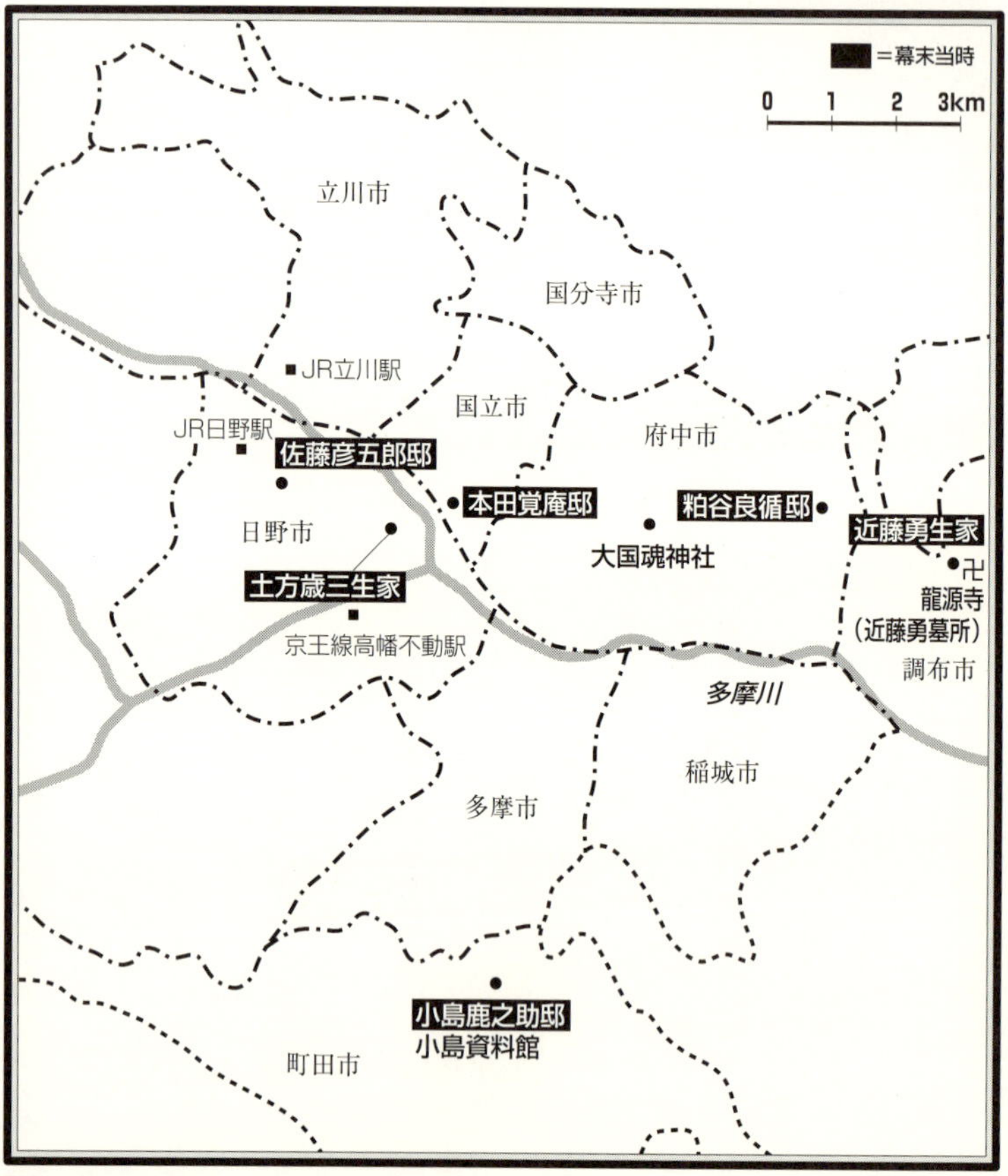

=幕末当時
0 1 2 3km
立川市
国分寺市
JR立川駅
国立市
府中市
JR日野駅
佐藤彦五郎邸
本田覚庵邸
粕谷良循邸
近藤勇生家
日野市
大国魂神社
卍
龍源寺
（近藤勇墓所）
土方歳三生家
京王線高幡不動駅
調布市
多摩川
稲城市
多摩市
小島鹿之助邸
小島資料館
町田市

【武州多摩】現・東京都多摩地区

本田覚庵邸：親戚のこの医家に、若き日の土方は書を習いに足繁く通った。

粕谷良循邸：土方の三兄が医師として婿入りした家。

近藤勇生家：宮川家。ここから徒歩2分で近藤勇の菩提寺である龍源寺に。

小島鹿之助邸：近藤、佐藤彦五郎と義兄弟の契りを交わした地元の名主の家。現在、資料館となっており近藤、土方、沖田らが京都から送った手紙などが多数、展示された、史料の豊庫である。

【日野・石田村周辺】現・東京都日野市

佐藤彦五郎邸：彦五郎は土方の姉・のぶの夫で新選組の地元最大の理解者。近藤、沖田らがよく出張稽古に来た。

土方歳三生家：実際の生家は洪水で跡形もなく、一部を移築したのがここ。現在は土方歳三資料館として毎月第1、第3日曜の13〜17時のみ一般公開。

高幡不動尊：土方家代々の菩提寺。明治9年、佐藤彦五郎らの尽力で近藤と土方を悼む「殉節両雄の碑」を建立。土方歳三の銅像もある。

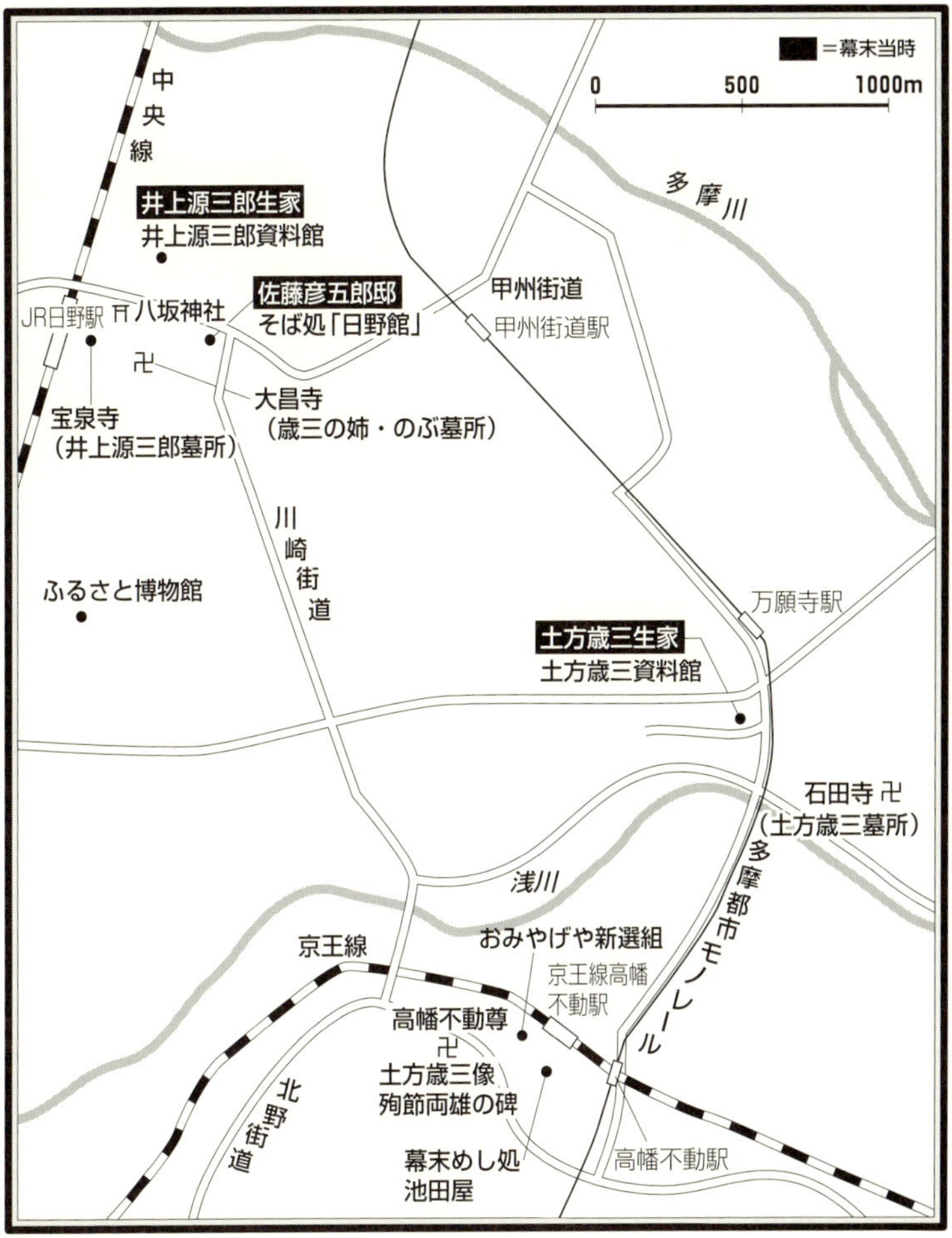

=幕末当時
0
500
1000m
中央線
多摩川
井上源三郎生家
井上源三郎資料館
佐藤彦五郎邸
そば処「日野館」
甲州街道
甲州街道駅
JR日野駅
八坂神社
大昌寺
（歳三の姉・のぶ墓所）
宝泉寺
（井上源三郎墓所）
川崎街道
ふるさと博物館
万願寺駅
土方歳三生家
土方歳三資料館
石田寺
（土方歳三墓所）
多摩都市モノレール
浅川
京王線
おみやげや新選組
京王線高幡不動駅
高幡不動尊
土方歳三像
殉節両雄の碑
北野街道
幕末めし処
池田屋
高幡不動駅

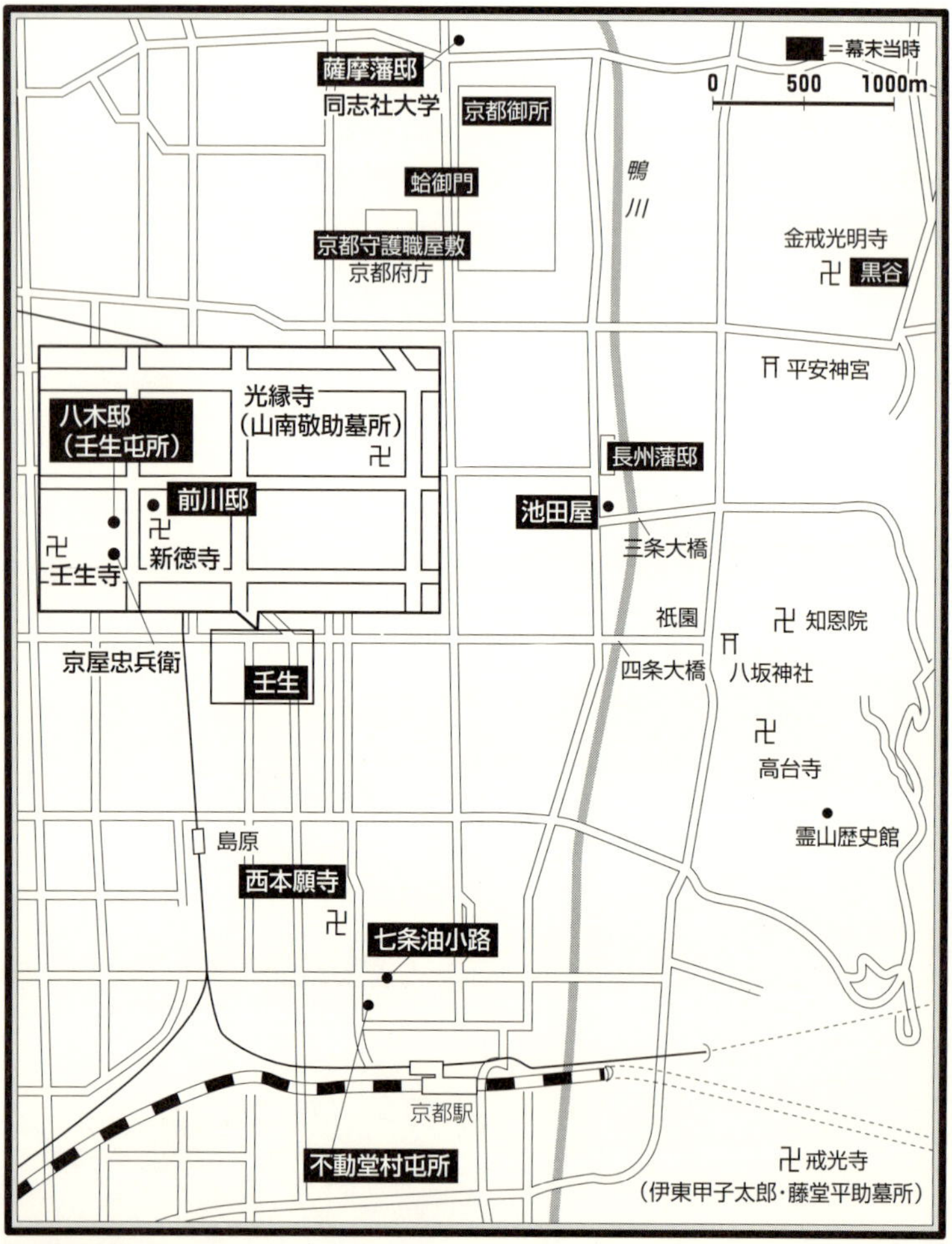

=幕末当時
0
500
1000m
薩摩藩邸
同志社大学
京都御所
蛤御門
京都守護職屋敷
京都府庁
鴨
川
金戒光明寺
黒谷
平安神宮
光縁寺
（山南敬助墓所）
八木邸
（壬生屯所）
前川邸
新徳寺
壬生寺
京屋忠兵衛
壬生
長州藩邸
池田屋
三条大橋
祇園
知恩院
八坂神社
四条大橋
高台寺
霊山歴史館
島原
西本願寺
七条油小路
京都駅
不動堂村屯所
戒光寺
（伊東甲子太郎・藤堂平助墓所）

【京都】 現・京都市

金戒光明寺：京都守護職・松平容保の本陣跡。開祖・法然が叡山の黒谷から移り庵を結んだので「黒谷さん」と呼ばれる。

池田屋：現在パチンコ店。入ってすぐ正面に階段がある（笑）。

八木邸・旧前川邸：新選組の最初の屯所が八木邸で、のちは前川邸のほうが多く利用された。八木邸には芹沢鴨暗殺の部屋、旧前川邸には古高俊太郎拷問の蔵が残存しているが、共に一般の見学は不可。

七条油小路：「伊東甲子太郎殉難の碑」が建っている（本光寺前）。

【箱館周辺】現・道南

鷲ノ木:榎本軍上陸の地。

乙部:新政府軍上陸の地。

二股:江差から侵攻する新政府軍を土方が撃破した戦場跡。

一本木関門:木古内を占領した新政府軍の攻撃を受け、弁天台場の孤立を防ぐべく進撃した土方が銃撃に倒れたのがこの地。彼の墓が建てられている。

碧血碑:明治8年に榎本武揚、大鳥圭介が建立した幕軍戦没者の碑。新選組隊士は土方をはじめとして23名の名が刻まれている。

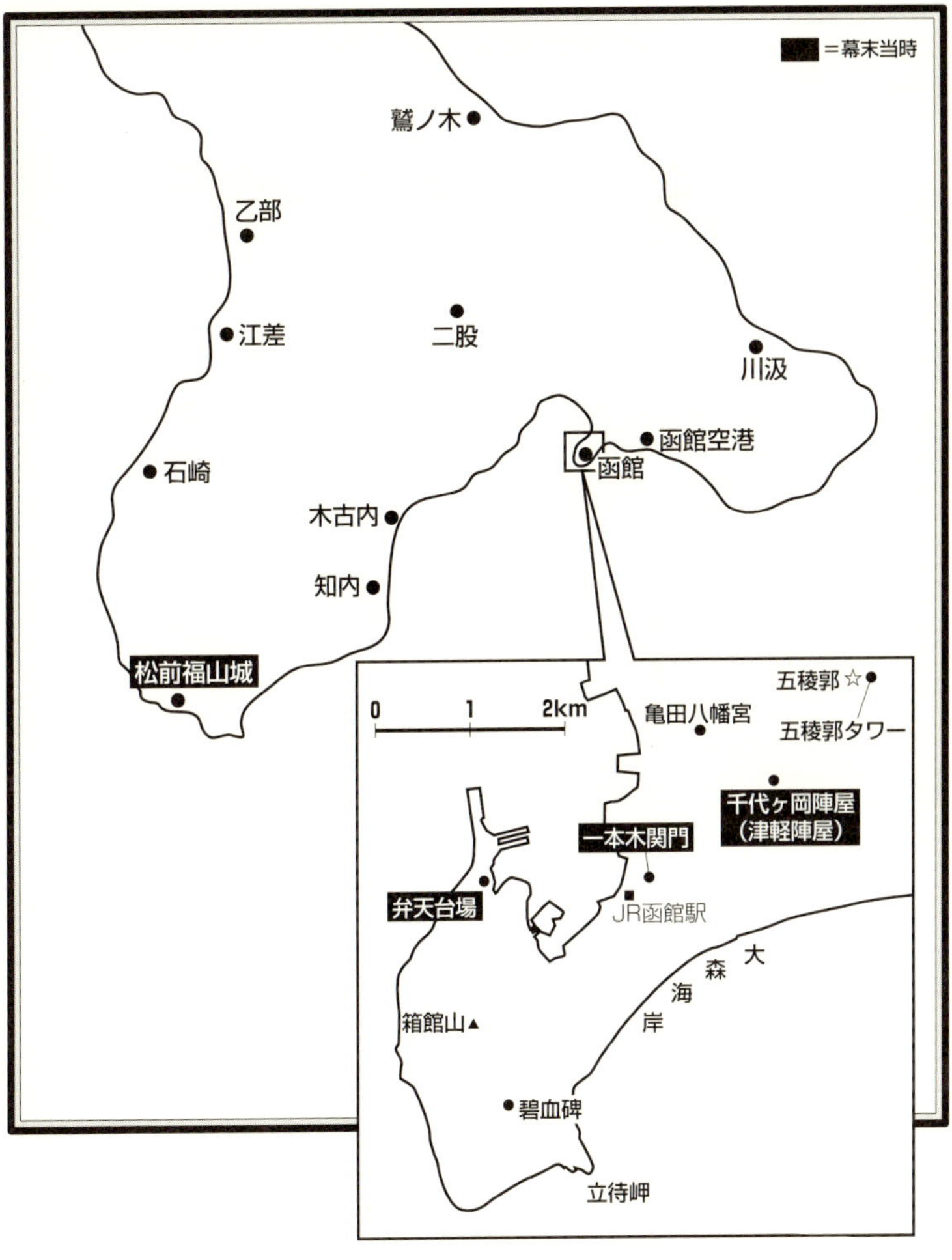

■=幕末当時
鷲ノ木
乙部
江差
二股
川汲
函館空港
函館
石崎
木古内
知内
松前福山城
0
1
2km
五稜郭☆
亀田八幡宮
五稜郭タワー
千代ヶ岡陣屋
(津軽陣屋)
一本木関門
弁天台場
JR函館駅
大森海岸
箱館山▲
碧血碑
立待岬

年を追うごとに盛り上がってます!

イベント

▶「日野新選組まつり」での仮装パレード(写真提供:ひの新選組まつり実行委員会)

土方歳三忌

場所 石田寺ほか(東京都日野市)

石田寺で法要の後、高幡不動尊で講演会が行なわれる。

毎年、土方の命日である5月11日近くの日曜日に開催。

詳しくは新人物往来社の大出俊幸氏まで

沖田総司忌

場所 専称寺ほか(東京都港区)

専称寺で法要の後、院友会館で講演会が行なわれる。

沖田の墓は年にいちど、この日にしか見ることができない。毎年6月20日前後に開催。

詳しくは新人物往来社の大出俊幸氏まで

日野新選組まつり

場所 東京都日野市各地

高幡不動尊から日野市役所までを新選組隊士の格好でパレードする。

パレードには一般参加も可(ホームページなどで募集)。その前日には「土方歳三コンテスト」も行なわれる。

毎年5月第2日曜日に開催。詳しくは日野市役所産業振興課内(ひの新選組まつり実行委員会)まで

五稜郭祭

場所 五稜郭公園(北海道函館市)

箱館戦争にちなんだパレードや慰霊祭、「土方歳三コンテスト全国大会」を行なう。

毎年5月第3土曜日、日曜日。パレードには一般の参加も可(事前に連絡を)。

詳しくは五稜郭祭実行委員会事務局(☎0138-51-4785)まで

池田屋事変パレード

場所 壬生寺～三条大橋(池田屋跡)(京都府京都市)

こちらは一般参加はできないが、「京都新選組同好会」が池田屋事件のあった旧暦6月5日に、壬生寺から池田屋跡まで隊士の扮装で歩く。男性のみのパレードは圧巻。

詳しくは京都新選組同好会のホームページで

東軍慰霊祭

場所 不定(東軍ゆかりの地で開催)

幕軍全体の慰霊祭。過去には上野寛永寺や北海道江差、京都の壬生で行なわれた。

毎年10月第1土曜日。翌日には自由参加の史跡めぐりツアーもある。

詳しくは新人物往来社の大出俊幸氏まで

愛用の品、肉筆の書……

資料館

誠

▶土方歳三資料館

▶土方歳三資料館	
〒191-0021　東京都日野市石田60　**電話**042-581-1493 **開館日**毎月第1・第3日曜日の13～17時 **交通**京王線高幡不動駅から多摩モノレール。「万願寺駅」下車	土方歳三の生家にある資料館。土方の愛刀や発句帖や鉢金などがある。庭には土方が植えたとされる矢竹がまだ残っている。

▶小島資料館	
〒195-0064　東京都町田市小野路町950 **電話**042-736-8777（留守電） **開館日**毎月第1・第3日曜日の13～17時　※なお1～2月は休館期　**交通**小田急線鶴川駅からバス。「中宿」下車	新選組に尽力していた小島鹿之助の家を資料館にしたもの。小島あての近藤、沖田、土方の手紙や、近藤の稽古着などを展示。館内で新選組に関する史料も販売している。

▶市立函館博物館五稜郭分館	
〒040-0001　北海道函館市五稜郭町44-2　**電話**0138-51-2548 **開館時間**9～16時半（11～3月は～16時） **休館日**月曜日、祝祭日、毎月最終金曜日など（GWと11月3日は開館）　**交通**JR函館駅からバス。「五稜郭公園入口」下車	五稜郭公園の中にある資料館。新選組隊士・中島登の描いた『戦友姿絵』や、誠の袖章他、箱館戦争関係の資料が展示されている。

▶土方歳三函館記念館	
〒040-0022　北海道函館市日乃出町25-4 **電話**0138-56-2801 **開館日**通年　9～18時　**交通**JR函館駅から車で10分	平成15年3月にオープンした記念館。土方の手紙（複製）などがある。「石川啄木浪漫館」を併設。

▶霊山（りょうざん）歴史館	
〒605-0861　京都市東山区清閑寺霊山町1 **電話**075-531-3773　**開館日**火～土曜日　10～16時半 **交通**京阪四条駅から徒歩15分	島田魁の日記や新選組隊士の名簿などを展示。他にも維新史関係の史料が多数ある。近くには霊山護国神社や、坂本龍馬や中岡慎太郎の墓がある。

▶白虎隊記念館	
〒965-0003　福島県会津若松市一箕町八幡弁天下33 **電話**0242-24-9170 **開館日**通年　8～17時（12～3月は～16時半） **交通**JR会津若松駅からバス。「飯盛山」下車	白虎隊が自刃した飯盛山にある。新選組は会津藩と深い関係にあったので、近藤・土方の写真はじめ、陣中からの手紙、土方の鎖帷子（かたびら）などがここで見られる。なお会津では秋祭りに時代衣装でのパレードがあり、新選組も登場する。

※休館日等は変更の可能性がありますので、あらかじめ各館にお問い合わせください。

日野・京都・函館の人気おみやげ屋さん推薦

土方歳三GOODSカタログ

・・・

土方が足跡を残した土地で新選組グッズを扱う代表的な3店に、売れ筋「土方グッズ」を紹介してもらった（Ⓗ＝日野「おみやげや新選組」、Ⓚ＝京都「新選組御用達　京屋忠兵衛」、Ⓖ＝函館「五稜郭タワー」）

誠

隊旗章（洋銀製）
3000円Ⓚ

歳三写真入りTシャツ
（M・L・LL）1200円Ⓗ

Tシャツ（S・M・L）
1570円Ⓖ

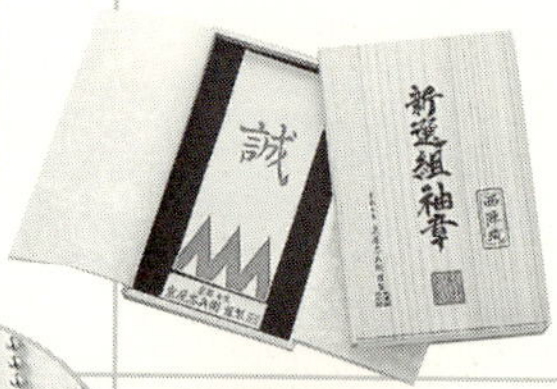
誠
新選組袖章

新選組袖章（西陣織）
3000円Ⓚ

ネクタイ
（隊旗・近藤、土方、沖田の家紋入り）
5000円Ⓚ

歳三彫刻しんちゅう製ネックレス　1200円Ⓗ

ライターケース（歳三）
600円Ⓗ

誠

隊士鉢金　6000円Ⓚ

新選組結成140周年記念歳三写真入懐中時計（金） 6800円Ⓗ

箱館

缶バッヂ
210円Ⓖ

歳三写真額入ストラップ
700円Ⓗ

時計（300個数量限定生産）
1260円Ⓖ

歳三彫刻しんちゅう製キーホルダー
1200円Ⓗ

3Dキーホルダー（歳三） 500円Ⓗ

誠
新選

土方ストラップ
700円Ⓗ

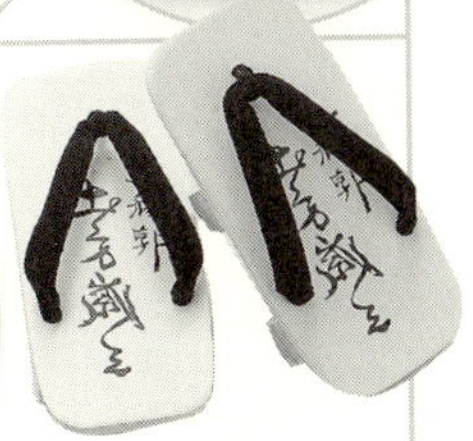

下駄 2100円Ⓖ

土方写真入キーホルダー
500円Ⓗ

招福開運ちょうちん（携帯ストラップ）
420円Ⓖ

通行手形 370円Ⓖ

幕末のヒーロー・土方歳三（携帯ストラップ）
370円Ⓖ

日野「おみやげや新選組」（Ⓗ）

オーナーは地元の老舗饅頭屋さん「松盛堂」の社長さんにして日野新選組同好会局長。HPによる通信販売も可。㈹〒191-0031 日野市高幡1-1〔http://www.syoseido.co.jp/〕

歳三コースター　350円Ⓗ

TOSHIZOU
HIJIKATA

歳三ポスター（青・茶）
400円Ⓗ

歳三
―日野編―

新選組入門者必見『歳三―日野編―』パンフレット
500円Ⓗ

誠

歳三写真入り湯のみ　400円Ⓗ

SHINSENGUMI-TOSHIZO HIJIKATA

ポートレート
210円Ⓖ

歳三絵葉書3枚セット
300円Ⓗ

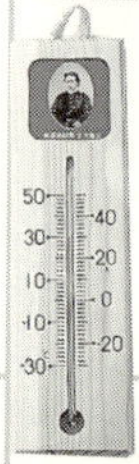

土方温度計（小）
900円Ⓗ

歳三辞世入り色紙
1000円Ⓗ

誠
新選組
土方歳三

歳三レターラック
600円Ⓗ

新選組副長
土方歳三

歳三マグネット四角クリップ
650円Ⓗ

貯金箱
680円Ⓖ

地域限定オリジナルマウスパッド
840円Ⓖ

土方歳三タイル
370円Ⓖ

京都「新選組御用達 京屋忠兵衛」Ⓚ

京都新選組同好会の経営。大人の新選組ファンが楽しめるよう、本物に近いオリジナル製品を限定生産。通販不可。(問)〒604-8821　京都市中京区壬生柳ノ宮町25-2

土方歳三

土方歳三表札
520円Ⓖ

土方歳三絵皿
4500円Ⓚ

土方歳三マスコット
580円Ⓖ

箱館戦争
サブレ(8枚入り)
630円Ⓖ

土方歳三うどん
新選組

土方歳三うどん
(3人前)
250円Ⓗ

歳三もなか
(6個入り)
800円Ⓗ

名産
新選組副長
土方歳三
きゃらぶき
新鮮組

土方歳三きゃらぶき
600円Ⓗ

土方歳三
新選組
総本家 松盛堂

歳三まんじゅう
(10個入り)
600円Ⓗ

土方歳三
Toshizou Hijikata

吟醸酒
「土方歳三の
ふるさと日野」
1300円Ⓗ

五稜郭最中
(6個入り)
630円Ⓖ

函館「五稜郭タワー」(Ⓖ)

五稜郭築城100年目にオープン。箱館戦争戦没者供養祭なども主催している。グッズは一部通販可。㊂〒040-0001　函館市五稜郭町43-9〔http://www.goryokaku-tower.co.jp/〕

コミック・小説・史料 さくいん

執筆者紹介

縄田 一男
（なわた・かずお）

文芸評論家。時代小説評論の第一人者で、選者を務めた時代小説アンソロジーも数多い。主な著書に『武蔵』（講談社）、『時代小説の読みどころ』（角川文庫）、『図説 時代小説のヒーローたち』（河出書房新社）など。

萩尾 農
（はぎお・みのり）

作家。土方歳三や斎藤一への愛にあふれた描写で熱狂的なファンを持つ。文芸団体「碧（あお）い馬」主宰。主な著書に『土方歳三散華』（アース出版局）、『図説・新選組史跡紀行』（学習研究社）、『いつかの日のために―舟木一夫の歩く道』（白石書店）、『覇星 織田信長』（徳間書店）など。

山村 竜也
（やまむら・たつや）

作家・歴史家。詳しいプロフィールは150ページに。新選組ものの映像作品にも造詣（ぞうけい）が深い。03年9月現在、NHK大河ドラマ『新選組!』の時代考証と、新選組関連本の執筆に忙殺される日々を送っている。

＊

浅野 雅子
（あさの・まさこ）

東京都生まれ。フリーライター。本をこよなく愛し、「図書館の申し子」の異名をとる。

田中 亜紀子
（たなか・あきこ）

4月19日、神奈川県生まれ。フリーライター。女性の職業記事や体験ルポ等を各種ビジネス誌、女性誌で執筆。「今回の取材をするまで〝サバク〟の意味を知りませんでした」。

長屋 芳恵
（ながや・よしえ）

石川県生まれ。現在、京都在住。この街の新選組史跡のことならおまかせあれ! 新選組研究会「誠一字」会員。共著に『土方歳三・孤立無援の戦士』（新人物往来社）など。

横田 淳
（よこた・じゅん）

愛知県生まれ。新選組研究家。特に土方歳三を追いかけている。主な共著に『写真集 土方歳三の生涯』『会津戊辰戦争写真集』（共に新人物往来社）など。

＊

編集＆執筆

今川 美玖
（いまがわ・みく）

千葉県生まれ。フリーエディター。主に歴史関係書籍を手がける。趣味は土方歳三とコミック。本書のレビューで使用した表紙写真のうちコミックの現物は、ほとんどが今川氏の私物。

ダ・ヴィンチ特別編集
DA VINCI EXTRA EDITION

DA VINCI EXTRA EDITION ……4

土方歳三 副長「トシさん」かく描かれき

2003年10月10日　初版第1刷　発行

編者　今川美玖＆別冊ダ・ヴィンチ編集部
発行者　近藤隆史
発行所　株式会社メディアファクトリー
〒104-0061　東京都中央区銀座8-4-17
電話　0570-002-001
03-5469-4740（編集）
印刷所　大日本印刷 株式会社

ISBN4-8401-0876-5 C0021